사역의 표준화

인 쇄 : 2020. 1. 3
발 행 : 2020. 1. 10
저 자 : 강보형
발행인 : 강부형
편집장 : 오동수
편집인 : 박재수
발행처 : 도서출판 책과 사람
주 소 : 서울시 송파구 송파대로8길 20,
         1007동 202호
이메일 : bookpeople2018@gmail.com
등 록 : 제2018-000100 (2018.8.23)
전 화 : 02-2678-5554
가 격 : 15,000원
ISBN : 979-11-965383-3-0

ⓒ 강보형 2020
본 책은 저작자의 지적 재산으로서 무단 전재와 복제를 금합니다.

사역의 표준화

강보형 지음

- 예언 / 언론
- 긍휼 / 자선
- 섬김 / 복지
- 다스림 / 정치
- 선한 일
- 가르침 / 교육
- 구제 / 경제
- 위로 / 상담

ONLY JESUS

목 차

프롤로그 - 사역의 표준화   6
인터뷰 interview   18
내 인생의 가장 귀한 만남   34

1부 구원(Evangelism)

예수는 메시아인가?   42
십자가의 도   52
부활의 도   64
아들 됨 (SONSHIP)   74
영적 세계   88

2부 양육(Follow up)

성령의 능력으로   98
제자 훈련   110
제자훈련의 중요성과 방향   122

3부 선한 일(Good Work)

사랑의 특권   136
최고의 축복 - 노동   146
두 가지 사명   156

4부 영역별 사역의 표준화 사례

홍세기 총장 - 교육계   174
현혜정 대표 - 교육계   180
오정수 교수 - 교육계   183
박영목 변호사 - 법조계   187
권상훈 장로 - 노동계   190
현대자동차 비젼팀 - 노동계   193
김중성 장로 - 비즈니스계   198
강용중 대표간사 - 선교   202
이성우 선교사 - 선교   206
김순성 교수 - 목회   209
최다윗 교수 - 문화예술계   212
정종섭 대표 - 비즈니스계   216

프롤로그

사역의 표준화 - E.F.G.

유럽의 화물 열차가 러시아에 도착하면 짐을 다 옮겨 실어야합니다. 유럽의 기차 레일 간격이 러시아의 기차레일 간격과 달라서 유럽에서 온 기차가 러시아 철도를 달릴 수 없기 때문입니다. 유럽은 레일 간격이 143.5 cm 이지만 러시아 기차 레일 간격은 152.4 cm 입니다. 러시아가 표준화를 따르지 않아서 양쪽 다 큰 불편을 겪고 있는데 표준화가 되지 않아서 물류 비용도 물론이고 시간도 많이 듭니다. 일단 설치된 기존 레일을 다 바꾸려면 많은 돈이 필요합니다. 전세계 기차 레일의 표준화율은 60%입니다.

표준화란 여러 가지 제품들의 종류와 규격을 표준에 따라 제안하고 통일하는 것을 말합니다. 전세계의 교통 신호는 동일하게 빨간색-정지, 파란색-주행, 노랑색-정지 준비하는 것입니다. 이 표준화가 지켜지지 않으면 많은 교통사고가 일어나고 큰 혼란이 일어날 것입니다. 표준화의 유익한 점은 효율성입니다. 거리를 Km로, 무게를 Kg로 표준화 시켰기에 얼마나 편리한가요!

표준화란 제품이나 상품 뿐만 아니라 제도나 규칙 같은 무형의 것에도 적용됩니다. 섬마을에서 학교를 다니는 학생은 서울로 전학을 해도 같은 학년으로 전학을 하고 아프리카 저개발국에서 몇년 교육 받았으면 전세계 어디에서도 똑같은 학력으로 인정 받습니다. 전세계 교육은 UNESCO(UN교육과학문화 전문기구)의 도움으로 학제가 표준화되었기 때문입니다.

기독교 신앙의 표준화는 어떠한가요? 구교와 개신교, 동방정교는 같은 하나님 3위1체를 믿는다고 하면서도 신앙이 표준화되어 있지 못해서 서로를 인정하지 못하고 사역의 효율성을 떨어뜨리고 혼란을 초래합니다. 그렇다고 잘못된 표준화를 한다면 차라리 하지 않는 편이 낫습니다. 현재 기독교의 상황을 보면 우리에게 선교사를 파송했고 기독교 문화를 찬란하게 꽃 피웠던 서구 유럽의 교회는 복음화율이 3-5%로 전락했습니다. 교회들이 술집이나 모스크로 팔리기도 합니다. 올바른 표준화를 하지않기 때문에 이렇게 되어버렸습니다. 한국교회도 이와 같은 어려움을 겪게될 위기에 놓여 있습니다.

해결책은 없을까요? 어떻게하면 회복 될 수 있을까요? 역사상 이런 위기를 해결한 전례가 여러번 있었습니다. 이스라엘의 에스라, 느헤미야의 부흥운동... 마가의 다락방에서 시작되어 예루살렘 유다 사마리아로 번졌던 부흥운동, 웨일즈의 부흥운동, 미국의 대각성 운동, 위의 모든 운동의 공통점은 성경을 통한 회복이었습니다. 성령 하나님의 감동으로 기록 된 성경을 통해서 회복 될 수 있을 것입니다. 사역에 대한 지침서인 목회서신은 사역의 방향을 위해 기록된 하나님의 선물입니다. 여기에 사역의 표준이 있습니다. 저는 사역의 표준화(The Standadization of Ministry)를 붙잡고 40년을 씨름했습니다. 부족하나마 이 책을 통해 소개하고자 합니다.

팔레스타인 변방의 식민지 청년 몇 명에 의해 시작된 거룩한 혁명은 전 세계 모든 대륙, 모든 민족에게 성취되었습니다. "모든 족속으로 제자를 삼으라" 이 명령의 성취는 예수님이 살던 시대에 이루어진 것이 아닙니다. 제자들의 시대에 이루어진 것이 아닙니다. 제자들의 제자, 계속 재생산된 그 제자들에 의해 이루어졌습니다. 당시 최강의 제국 로마는 이 운동을 막기위해 최고의 노력을 집중했습니다. 그 운동의 두목으로 지목되었던 예수를 사형시켰습니다. 그리고 수천 수만 명을 칼로 죽이고 화형시키고, 굶겨 죽였습니다. 그러나 로마제국은 그들의 메시지에 오염되었고 결국은 300년도 지나지 않아 그의 메시지에 영향을 받아 결국은 변방의 종교인 기독교를 국교로 받아들였습니다.

예수님은 매뉴얼(manual:사용설명서)을 가지고 계셨습니다. 제자들을 부르시고 그들도 역시 제자를 삼는 재생산은 표준화되어 있었습니다. 예수님의 공생애를 보면 먼저 만나는 사람들을 성령으로 구원(E) 시키고, 버림과 채움으로 양육(F) 시키고, 모든 족속(영역)을 제자로 삼는 선한 일(G)을 하셨습니다. 4복음서, 교리서라고 불려지는 로마서, 목회서신들이 한결같이 이런 구조를 가지고 있습니다. 이 모델은 12사도들과 사도 바울에게도 적용되고 바울사도는 이 비밀을 목회서신에 담아 디모데와 디도에게 전해 주고 있습니다

1. 사역의 표준화 (The Standardization of Ministry)

제자훈련 사역의 가장 큰 고민 중의 하나는 제자화의 세대를 지날수록 그 강도가 약화된다는 점입니다. 공산품을 비유로 든다면 불량품도 많이 나오고 생산성이 낮아진다고 할 수 있습니다. 전투시에 병사들이 열을 맞추고 화력을 집중하듯 우리도 영적 전투의 효율성을 위해 제자를 삼는 사역에 있어서도 표준화가 필요합니다.

바울이 기록한 목회 서신(디모데전, 후서, 디도서)을 볼 때 바울은 자신의 제자들에게 목회를 교훈하면서 사역의 표준을 제시했다고 볼 수 있습니다. 디도서 2:11-14절의 말씀을 도표로 요약하면 아래와 같습니다.

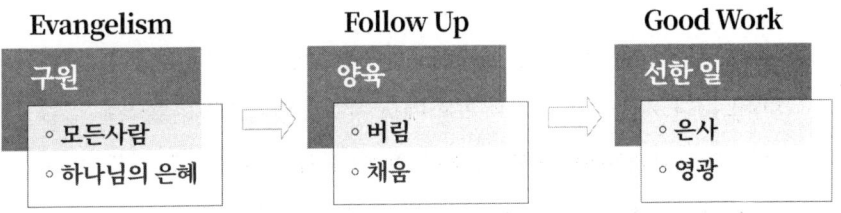

1) 구원 (Evangelism for Salvation)

구원 사역은 전도를 통한 거듭남과 영생은 큰 범위에서 같은 영역이라고 봅니다. 예수님께서는 어떻게 전도하셨는지 배울 필요가 있습니다. 예수님의 전도는 그야말로 사회 각계각층의 모든 사람을 향해 있습니다. 예수님께서 당시 사마리아의 대표적인 도시였던 수가성(구약의 세겜)

에서 만난 여인은 당시 유대인의 관점에서는 만남조차 거리끼는 대상입니다. 유대인들은 사마리아 도시였던 수가성을 접근하는 것조차 꺼렸습니다.

갈릴리 지역의 유대인들은 예루살렘을 방문할 경우 하루 정도 더 걸리는 <왕의 도로>를 이용하는 한이 있더라도 이 수가성을 통하는 <족장의 도로>를 이용하려고 하지 않았습니다. 사마리아인들 역시 그리심산에 자신들의 성전을 세우고 예루살렘 성전의 방문을 아예 원천적으로 차단했습니다. 그러나 예수님께서는 수가성을 지나는 여정을 택하셨습니다. 이는 매우 의도적으로 보입니다. 당시 사회적 소수자요, 배척 세력인 사마리아인들에게도 복음을 전하시고자 하는 의도 외에는 설명할 길이 없습니다.

사마리아인 중에서도 여인입니다. 이 여인을 향해 예수님은 물을 달라 청하십니다. 사마리아 여인이 보기에도 예수님의 다가옴은 놀라운 일입니다. 평소 사마리아인들을 대하던 유대인들의 시선을 알고 있던 이 여인으로서는 자신에게 다가서는 이 유대인이 놀라웠을 뿐입니다.
그렇다고 예수님은 항상 가난하고 병들고 힘없는 하류층(Down)만을 향해서 복음을 전하신 것은 아닙니다. 상류층(Top)에 해당되는 인물들도 가까이 하셔서 그들에게 복음을 전하시고 때론 그들의 도움을 받기도 하셨습니다.

산헤드린 공회의 의원이었던 니고데모의 방문을 기꺼이 받으셨습니다. 사람들의 눈을 의식했던 니고데모는 한 밤 중에 예수님을 찾아왔습니다.

'그런데 바리새인 중에 니고데모라 하는 사람이 있으니 유대인의 지도자라. 그가 밤에 예수께 와서 이르되'(요한복음 3:1,2)

니고데모는 산헤드린 공회의 공의원이었습니다. 산헤드린이라고 하면 유대인들의 최고의결기관입니다. 당시 로마 당국은 정치, 군사, 외교 문제 외에는 유대인들에게 자치권을 부여했습니다. 심지어 이스라엘의 왕으로 헤롯을 임명하기까지 했습니다. 70명으로 구성된 산헤드린은 주로 율법을 해석하고 종교 재판을 주관하고 성전을 관리하는 문제들까지 다루는 기관이었습니다. 70명의 공의원 가운데 한 명이라는 것은 그가 사회적으로 최상의 상류층에 속한 인물이라는 것을 보여줍니다.

이같은 사회적 위치를 의식해서인지 니고데모는 밤에 예수님을 찾아왔습니다. 공개적으로 찾아오지 않고 은밀히 찾아온 그를 예수님께서는 거절하시지도 않고 면박을 주시지도 않았습니다. 기꺼이 그를 받아들이고 그의 질의에 대하여 친절하게 답해 주셨습니다. 후에 니고데모는 대제사장과 바리새인들로부터 예수님을 변호하고(요한복음 7:50) 예수님이 십자가에서 죽으셨을 때에 예수님의 시신 수습에 적극적으로 나섭니다. 또한 예수님께서 12명의 제자들과 함께 갈릴리의 주변 마을을 두루 다니시면서 복음을 전하실 때 이들의 필요를 채운 것은 헤롯의 청지기 구사의 아내 요안나와 수산나를 비롯한 여인들이었습니다. 이들은 자신의 소유로 예수님과 제자들을 섬겼습니다.(누가복음 8:1-3) 헤롯의 청지기 아내라는 신분과 자신의 소유가 있었던 여인들인 것으로 보아 이들은 상류층 귀부인들로 보입니다.

이처럼 예수님의 구원 사역은 하류층과 상류층의 구분없이 모든 사람들을 향해 열려 있었고 이들을 구분짓지 않고 누구와도 소통의 기회를 가지셨습니다. 구원 사역은 모든 사람을 향하여 열려 있어야 합니다. 모든 사람에게 구원을 주시는 하나님의 마음으로 복음을 증거해야합니다.

2) 양육 (Follow up)

하나님께서는 우리를 구원하신 것에 머물지 않고 우리가 하나님의 백성과 자녀로 살아갈 수 있도록 양육하십니다. 영적인 성장도 육체의 성장과 유사한 점이 많습니다. 출생은 했지만 성장이 없다면 이것은 부모의 근심입니다. 희귀한 질병 가운데 너무 일찍 늙어버리는 소아조로병이 있습니다. 남들보다 10배 정도 빨리 늙는 이 병을 '벤자민 버튼 병'이라고 부르는데 이 병은 800만 분의 1의 확률로 나타나는 희귀병이라고 합니다. 왜소증이라고 하는 반대의 경우도 있습니다. 미국의 부룩 그린버그라는 여성은 갓난 아기의 모습으로 20살까지 살았다고 합니다.

우리는 영적으로도 성장을 해야합니다. 영적 성장을 멈춘 채 평생을 살아가는 것이 아니라 그리스도의 장성한 분량으로까지 자라나야하는 것이 정상입니다. 영적으로 성장할 수 있도록 하나님께서 우리를 어떻게 양육하시는지 디도서 말씀이 잘 정의하고 있습니다. 버릴 것은 버리고 채울 것은 채우는 것이 하나님의 방법입니다.

> '양육하시되 경건하지 않은 것과 이 세상 정욕을 다 버리고 신중함과 의로움과 경건함으로 이 세상에 살고' (디도서 2:12)

버리야 할 것은 '경건하지 않은 것'과 '이 세상의 정욕'입니다. 버림이 없이 다시 말하면 비워 냄이 없이 채울 수는 없습니다. 경건하지 않은 것과 이 세상의 정욕을 그대로 내 속에 간직한 채 신중함과 의로움과 경건함을 채울 수는 없습니다.

하나님의 양육은 예수님께서 제자들을 양육하신 것과 맥을 같이 합니다. 제자들을 부르실 때 예수님의 요구는 '자기 부인'입니다. 예수님께서 무리를 향해 '아무든지 나를 따라오려거든 자기를 부인하라'(누가복음 9:23)고 하셨습니다. 양육의 출발은 자기 부인, 자기 속에 있는 경건치 않음과 이 세상의 정욕을 버림에서부터 시작된다고 할 수 있습니다. 그리고 비워진 그 자리에 신중함과 의로움과 경건함으로 채워야합니다. 예수님의 양육은 대중이 아니라 12명이라는 소수의 제자들이었습니다. 많은 수는 양육이 아니라 사육이 되기 쉽습니다.

제자들과 함께 동고동락하시면서 일상 생활 삶을 보여주시면서 그들로 닮게 하셨습니다. 기도와 전도의 삶뿐만 아니라 의로움과 경건함이 무엇인지 친히 보여주셨습니다. 귀신들린 자로부터 귀신을 내어 쫓음으로서 제자들 스스로 영적 권세가 어디로부터 나오는지 질문케 하셨습니다. (막 9:28)

3) 선한 일 (Good Work)

구원하시고 양육하시는 하나님의 최종적인 목적은 우리로 하여금 선한 일을 하게 하는 것입니다. 우리의 영적 재생산인 양육도 여기까지 최종 목표로 삼고 행해야 합니다. 선한 일을 가르치고 선한 일을 행할 수 있도록 격려하고 점검해 주어야 합니다.

선한 일에 대해 진보와 보수가 신학적 견해를 약간 달리 했습니다. 진보는 사회적 정의를 이루는 것이 착한 일이라 주장하고 보수적 신학자들은 복음을 전하는것이야말로 가장 의미있는 선한 일이라고 주장합니다. 여기에서 신학적인 논쟁을 하고 싶지는 않습니다.

선한 일은 성령의 은사에 따라(벧전4:10,11) 하나님의 영광(마5:16)을 따라 열심으로 행해야합니다. 하나님께서 우리를 구원하신 목적도, 하나님께서 우리를 양육하시는 목적도 결국은 선한 일에 힘쓰는 하나님의 자녀가 되게 하기 위함입니다. 이와같은 구원(Evangelism) - 양육(Follow Up) - 선한 일(Good Work)의 패턴은 성경의 곳곳에서 찾아볼 수 있습니다.

이스라엘 백성들을 애굽으로 구원하여 40년의 광야 생활을 통해 양육하신 목적도 하나님과 함께 사역하게 하기 위함이었습니다.

성경	E	F	G
디모데후서	3장15절	16절	17절
로마서	1~5장	6~8장	9~11장 (하나님) 12~16장 (사람)
출애굽기	1~12장	13~24장	25~40 장

2. 선한 일을 어떻게 할 것인가?

선한 일은 전도나 사회적 정의에 한정하는 것이 아니라 우리 삶의 전 영역과 세상의 모든 영역에서 이루어져 할 구원과 양육의 목적입니다. 교회에 머물지 말고 사회의 각 영역에서 하나님의 사람들이 선한 일에 열심을 내야 합니다.

- **교육계**: 교육은 히브리어로 "히누크"입니다. 하나님께 봉납하고 사람들에게 봉헌하는 것입니다. 자신의 유익을 위해서가 아니라 남에게 주기 위해서 교육하는 것입니다.

- **경제계**: 돈을 버는 동기가 구제하기 위함이고 이를 위해 경제 활동을 해야 합니다.

  '가난한 자에게 구제 할 수 있도록 자기 손으로 수고하여 선한 일을 하라'(엡4:28)

- **정치계**: 정치를 하는 목적은 섬김이 되어야합니다.

  '이방인의 집권자들은 임의로 주관하고 권세를 부리지만...너희 중에 누구든지 크고자 하는 자는 너희를 섬기는 자가 되고 너희 중에 으뜸이 되고자 하는자는 너희의 종이 되어야 하리라'(마20:25-26)

- **문화 예술계**: 자신을 위한 심미적인 활동이 아니라 하나님과 이웃을 섬기는 예술 활동이어야 합니다.

- **법조계** : 하나님의 공의를 실천하기 위하여 하나님께서 맡기신 십부장, 오십부장, 백부장, 천부장처럼 재판해야 합니다.(출18:21-26)

이처럼 그리스도인은 사회의 모든 영역에서 하나님의 다스림을 이뤄가야 합니다.

이 책은 그 동안 제가 제자훈련을 하면서 해 왔던 주제들을 정리한 것입니다. 강의안을 정리한 것도 있고, <목회와 신학><빛과 소금>에 실렸던 기고문도 있습니다. 설교문을 구술 정리한 것도 한 편 있습니다.

1부에서는 구원, 2부에서 양육, 3부에서는 선한 일에 대해서 각론을 담았습니다. 마지막 4부에서는 각 영역에서 사역하는 동역자 10분의 간증과 증언을 보게 될 것입니다.

인터뷰 interview

울산 행복한교회 담임 목사
현대자동차 신우회 지도 목사
제자선교회(D.C.F) 이사장
(주)WESLEYQUEST ADVISOR

강 보형 목사

이번 인터뷰가 강 보형 목사님과의 첫 만남이었습니다. 사실 책의 출판을 위한 인터뷰라는 분명한 목적이 있었기에 극히 사무적으로 접근했던 것이 사실입니다. 그러나 짧은 대화를 나누는 시간 내내 출판 이야기는 접어두고 제자훈련으로 점철된 그의 생애와 비전, 그리고 그의 인간미에 빠져 시간 가는 줄 몰랐습니다. 어느새 마치 동네 형님과의 대화처럼 격의없이 진솔한 대화를 나눌 수 있었습니다.

근엄한 목사님이라는 선입견을 갖고 있었던 것이 사실인데 평범한 이웃집 아저씨나 동네 형님을 만나는 느낌이었습니다. 타인을 배려하는 대화의 태도가 오랜 세월 몸에 배어 있는 듯 했고 질문의 핵심을 정확히 짚어 답을 주곤 했습니다.

메스컴을 자주 타는 스타 목사는 아니어서 그동안 제가 알지 못했을 뿐이지 영적 거목을 만난 느낌이었습다. 인터뷰를 마친 후에는 두 시간 정도의 짧은 인터뷰, 정보의 부재, 지면이라는 한계 등으로 어떻게 이 분의 모습을 보다 정확하게 묘사할 수 있을까하는 걱정도 몰려왔습니다.

인터뷰가 목사님과의 만남이 전혀 없었던 분들에게 저자인 강 목사님을 이해하는데 조금이라도 도움이 되길 바랍니다. 저자에 대한 이해는 그의 글을 이해하는데 큰 도움이 될 수 있기 때문입니다. 그로부터 제자훈련을 받거나 교제를 했던 분들에게는 식상한 정보일수도 있겠지만 인터뷰를 통해 그를 다시 한번 만나 보시길 원합니다.

- 박 재수 (도서출판 책과 사람 기획 실장)

*(박 재수 실장) 목사님, 먼저 목회자가 된 계기를 말씀해 주시지요.

(강보형 목사) 제가 목회를 하게 된 이유는 아마도 외할머님의 많은 기도 때문인 것 같아요. 외할머님이 대전에서 교회를 몇 개 지으신 것으로 알고 있어요. 성경에 나오는 사도 바울의 제자인 디모데의 외조모 로이스처럼 외할머니의 기도와 그 신앙의 영향을 많이 받은 것 같아요.

목회자에게 반드시 필요한 요소가 있다면 무엇이 있을까요?

네트웍은 목회자 뿐만 아니라 누구나에게 필요한 요소이지요. 신앙의 장애물을 만나거나 열정 등을 회복하고 싶을 때, 답을 얻고 싶은 삶의 문제에 직면할 때, 비전을 발견하고 싶을 때 느끼는 것은 네트웍이 참 중요하다고 생각해요. 그런데 이 네트웍은 목회자들에게 더욱 필요하다고 봅니다. 우리 네트웍은 보통 세 방향으로 형성하게 되어 있어요.

첫번째는 나를 중심으로 내 위에 멘토가 있어야 되요. 다윗을 봐도 다윗에게는 사무엘이라는 멘토가 있었어요. 만약 사무엘이 없었더라면 다윗은 목동으로 인생을 마쳤을거예요. 다윗에게 기름을 부어주고 그 이후에도 계속 그를 돕고, 목숨을 걸고 그를 도왔습니다. 기름을 부어 준다는 것은 당시의 왕이었던 사울에게 반역이나 마찬가지잖아요. 사울 왕이 있는데 다른 사람을 왕으로 세운다는 것은 목숨을 걸지 않고는 할 수 없는 일이지요. 사무엘과 같은 멘토가 있어야되요. 사무엘이 죽은 후에도 선지자 나단처럼 잘못을 책망해주는 멘토가 있었구요.

두번째는 옆에 친구가 있어야 됩니다. 다윗에게 있었던 요나단과 같은 친구가 필요합니다. 이 둘은 서로 사랑하는 사이였어요. 요나단은 친구 다윗에게 겉옷까지 벗어줘요. 무기도 줍니다. 당시에 겉옷은 신분의 상징이지요. 자기 겉옷을 준다는 것은 네가 왕이 되라는 것이지요. 다윗을 인정해주고 자기 생명보다 더 사랑했습니다. 다윗도 왕이 되고 나서 요나단의 아들 이스보셋을 잘 돌봐줬지요. 다윗의 옆에는 그런 관계를 가진 친구가 있었습니다.

마지막 세번째로 다윗에게는 자신이 돌봐야했던 아둘람 굴에 함께 거했던 400명의 환난 당한자와 빚진 자와 원통한 자들이 있었습니다. 다윗의제자들이라고 할 수 있지요.

다윗에게는 이렇게 세 그룹의 주변인이 있었어요. 멘토, 동료, 제자, 이런 사람들이 있었기 때문에 다윗이 된거죠.
저도 사역을 할 때 주변에 저의 멘토가 있고, 옆에 같이 동역하는 친구 동역자들이 있고, 부족하지만 제가 세웠던 제자들이 있는 것 같아요.

이렇게 멘토, 친구, 제자로 이루어지는 공동체 안에서 여러 문제들이 극복되고 함께 세워져 가는 것 같아요. 멘토가 도와주고, 철이 철을 날카롭게 한다는 것처럼 친구가 약점을 보충해줄 수 있지요. 그래서 예수님도 제자 훈련할 때 한 명만 하신게 아니라 12명을 세워서 함께 공동체로 했어요. 함께 세워져가는 가는 것 같아요. 이럴 때 재생산 과 제자훈련이 되요. 재생산이 계속되면서 공동체도 성장해 나가겠죠.

반면 신앙의 슬럼프도 반드시 찾아옵니다. 다윗이 우리야의 아내를 취했을 그 때가 다윗에게는 신앙의 슬럼프라 할 수 있지요. 어떻게 다시 회복되나요? 나단 선지자가 와서 책망해주고 바로 세워지는 거예요. 그 다음에 사울 왕이 그를 핍박할 때 도와주고 변호해 준 요나단과 같은 이들이 있었어요. 그리고 다윗 자신도 비록 조그만 힘이지만 아둘람 동굴의 사람들을 도왔어요, 나중에 이 사람들은 다윗이 어려울 때 큰 힘이 되어 주죠. 우리도 이렇게 신앙의 슬럼프가 있을 때 신앙의 공동체 안에서 서로 함께 세워져 가는 거죠. 그래서 신앙 생활은 자기만 잘하는 것이 아니라 서로 돕고 섬기는 겁니다. 그러다 보면 해결되어지죠.

좋은 리더들은 선한 목자처럼 양들을 위해 자기 목숨을 버리죠. 멘토들은 멘티들을 위해서 그렇게 해야 될 겁니다. 그러나 우선되어야 할 것은 멘티들은 멘토를 위해서 그 비전에 함께 연합하고 사역해야되요. 이런 관계가 되는 것이 중요합니다. 멘토에게 도움만 받겠다는 것이 아니라 멘토를 위해서 멘토의 비전을 위해서 내가 살아 주겠다 해야되는 겁니다. 예수님의 제자들은 예수님을 위해서 살아준 겁니다. 리더를 신적 존재로 모시라는 것이 아니라 그가 가지고 있는 그의 비전에 함께 연합해서 함께 팀으로 이루어 나가라는 것이죠.

목사님께서는 80년대 대학 시절부터 제자훈련 사역을 해 오신 것으로 알고 있습니다. 제자훈련에 대한 정의를 설명해 주시겠습니까?

제자 삼는 일은 훈련이 동반되는 사역이예요. 제자 훈련은 나보다 부족하고 경험이 없는 어린 사람들을 내 졸병 만드는 것이 아니고 그들을 내

어깨 위에 세워서 내가 닿을 수 없는 곳에 그들이 닿게 만드는 것이예요. 예수님이 요한복음 14장 12절에 "나를 믿는 자는 나의 일을 할 뿐만 아니라 이보다 더 큰일도 하리라" 하셨지요. 그래서 다른 사람들을 자기 어깨 위에 세워서 그들이 하나님 나라 일을 할 수 있도록 하는 거죠. 제가 사역하는 데 있어서 그런 마음을 가지고 있다 보니까 각 영역에서 저보다 더 크게 된 제자들이 있습니다.

제가 부산에 있는 어느 교회를 방문하게 되었는데, 담임목사님이 저의 제자되는 목사님이었어요. 그 교회가 22000 이라는 비전을 가지고 있었습니다. 그 교회에 설교하러 갔다가 무슨 의미냐고 물어 봤어요. 그랬더니 20,000명의 평신도를 세우고 2000은 이 천명의 선교사를 파송하겠다는 거예요. 이천명의 선교사라는 말을 들었을 때 이상한 생각이 들었어요. 저한테 낯익은 단어라… 그런데 그러는 거예요. '목사님이 이천명의 선교사를 파송하는 것이 꿈이었잖아요. 저도 목사님 비전을 이뤄드리기 위해서 그 일을 합니다'. 멘토와 멘티 관계에 있던 그 목사님은 제가 가지고 있던 제자 삼는 비전이 저만의 것이 아니라는 거예요. 하나님의 것이라는 거예요. 그래서 자신도 그 비전을 공유한다는 겁니다. 비전이 사유화 되면 안되요. 그것은 야망입니다. 하나님으로부터 받은 비전을 이뤄 나가는데 있어서 멘토가 가지고 있는 비전이라도 나의 비전도 되어야합니다.

다윗이 가지고 있는 비전이 무엇이었나요? 사무엘이 가지고 있는 비전을 이뤄드리는 거예요. 사무엘은 사사로서 하나님이 원하는 나라가 세워지는 것이 비전입니다. 사무엘의 뜻이 잘 성취되는 것이 자기 비전이었어요. 그런데 많은 사람들이 자기 비전을 자기가 만들어서 성취하려고 한다는 거예요. 그래서 실패하는 거죠. 저는 그것을 비전의 사유화라고 해요. 비전은 사유화되면 안돼죠. 하나님이 주신 비전이라고 하면 공동체가 함께 이루어 나가는 것입니다.

나는 성당이 지어지는 것을 보면 좋다고 생각해요. 독일의 퀼른 성당에 가보고 멋 있다고 생각했어요. 성당을 짓는데 육백년이나 걸렸다고 해요. 처음 신부님은 땅 사는데 일생을 바쳤고, 두 번째 신부님은 설계하고, 세 번째 신부님은 짓고, 이러면서 성당을 짓는데 육백년이 걸렸습니다. 많은 사람들은 자기 일생 안에 다 마치려고 해요. 그리고 자기 이름으로 마무리하려고 합니다. 그러면 역작은 안 나오죠. 제자훈련은 하나님이 나에게 주신 비전을 세대를 이어가며 나의 제자들과 공유하는 것입니다.

목사님께서는 울산에 있는 행복한교회에서 목회만 하시는 것이 아니라 현대자동차 선교회와 제자선교회 사역도 하고 계십니다. 사역을 하게 된 이유와 목적에 대해서 말씀해주세요.

현재 제가 목회하고 있는 교회는 울산에 있는 행복한교회입니다. 독립교단에 속해 있는 교회지요. 주 중에 사역하고 있는 곳은 현대 자동차 선교회입니다. 울산에 있는 현대 자동차는 직원이 4만 5천여명으로 전세계 단위 사업장 중에 가장 큰 캠퍼스지요. 선교회에 참여하고 있는 회원들은 교회에 낸 헌금으로 연말 소득공제 받는 분들이 2000명쯤 돼요. 장로님이 70명쯤 되고 10분의 목사님들이 돕고 있습니다. 사역한 지는 5년 정도 됐네요.

노동자들을 위해 사역을 시작하게 된 것을 통해서 저는 우리의 기도와 생각에 응답하시는 하나님을 알게 되요. 40년 전 서울대에서 캠퍼스 사역을 했어요, 70년대 말 80년대 초 화염병 던지고 데모 많이 할 때였지요. 한창 민주화 운동이 활발하던 그 때 서울대 캠퍼스 사역을 15년 정도 했어요. 교수, 학생, 대학원생 그룹들로 사역을 했지요. 사역을 하던 그 당시는 운동권들이 노동 운동을 많이 하던 때였습니다. 당시에 저도 노동자를 대상으로 사역을 해야겠다는 생각을 했었어요. 하지만 다른 영역에 먼저 관심을 갖고 사역을 해왔어요. 이렇게 60줄이 돼서 목회를 위해 울산에 내려왔다가 노동자들을 위한 사역을 하게 된거죠. 40여년이 지난 다음에 하나님께서 인도하신 거예요.

"그러므로 너희는 가서 모든 족속으로 제자를 삼아..." (마 28:19)

운동권이나 노동자들에 대해 관심을 갖게 된 배경은 마28:19에 있어요. 여기서 족속이란 말을 "민족-부족-나라"라고만 알고 있는데 헬라어 원뜻을 보면 영역이라는 의미가 있습니다. 아브라함 카이퍼는 이를 영역 주권이라고 했지요. 이런 의미 때문에 저는 70년대 말부터 영역별 제자훈련을 했어요.

제자 훈련은 신학생을 대상으로 처음 시작하게됐는데 총신대에서 소그룹으로 이름도 없이 했어요. 이 모임이 [제자선교회]라는 단체가 되어 총신뿐만 아니라 장신, 감신, 고신, 침신대 등 여러 곳에서 신학생들을 제자훈련 했어요. 그 다음으로 교육계를 했습니다. 이스라엘에는 동네마다 회당이 있습니다. 시나고그라고 하죠, 회당은 종교기능과 교육 기능을 함께 가지고 있지요. 목사의 "사(사)"자도 스승이라는 뜻이거든요. 교회가 종교 기능과 교육 기능을 같이 가지고 있었어요. 그런데 이것이 분리된 거예요. 교육을 세상에 빼앗기게 된 거죠. 교육은 원래 교회에서 해야 되는 겁니다. 그래서 저는 교사들을 신앙으로 제자 훈련해야 된다고 생각했죠. 서울사범대, 서울교대, 인천교대에서 제자훈련을 했어요. 인천교대 팀의 경우 지금은 사단법인으로 발전하고 금산에서 별무리학교라는 대안학교도 운영하고 있습니다. 그 시절 함께 했던 제자 훈련 팀 중에 법조인들도 있었어요. 그 때는 노동계의 영역에서는 제자훈련이 잘 이루어지지 않았다가 지금에야 현대자동차에서 이루어지게 된 거죠.

하나님이 우리를 디자인한 것을 목회자 중심으로만 이해하려고 합니다. 모든 제사장은 레위 지파죠. 그런데 예수님이 어느 지파예요? 유다지파입니다. 레위 지파가 아닙니다. 그런데 예수님은 대제사장이죠. 새 언약 아래에서는 모든 영역에서 하나님의 뜻이 이루어져야 되는 겁니다. 아브라함과 요셉이 정치 행정가라면 다윗은 군인이었지요.
단순히 전도만 하는 것이 아니라 각자가 자리한 영역에서 하나님의 통치가 이루어져야 된다는 것입니다. 하나님이 원하시는 정치, 하나님이 원하시는 법, 하나님이 원하시는 교육 등 각 영역에서 하나님의 뜻이 이루어지도록 제자훈련하고 재생산해야 되는 것이지요. .

노동은 히브리어로 아바드라고 합니다. 그런데 이 아바드의 일한다 노동한다는 뜻이 예배라는 뜻도 있습니다. 노동이라는 말은 하나님 앞에 예배한다, 일도 하나님이 기뻐하시는 예배라는 것이죠. 그래서 루터가 그랬어요. '농부가 소의 젖을 짜는 것이나 목사가 예배를 집례하는 것도 똑같은 제사다' 그래서 저는 그런 생각으로 세상의 빛과 소금이 되기 위해 세상으로 들어가게 된 겁니다. 그리고 지나고 보니까 맞는 것 같아요.

저는 아브라함 카이퍼를 좋아해요. 원래 카이퍼는 신학을 공부한 목사였습니다. 그런데 이 분이 이것을 안 거예요. 교회 사역만이 하나님의 일이 아니라 세상이 하나님의 발등상이자 일터인 거예요. 설교 때마다 교인들에게 세상에 나가서 왕같은 제사장으로 살라고 했습니다. 그런데 교인들이 구체적인 액션을 못하는 거예요. 그래서 그는 교회를 사임하고 정치에 투신했어요. 처음에는 교인들이 낙선 운동을 해서 떨어졌습니다. 그런데 그 후 계속적인 그의 활동을 보니까 명예 때문이 아니라 하나님의 뜻을 이루려고 하는 것이구나 하는 진심을 알게 됩니다. 어떻게 됐습니까? 전폭적인 지지를 얻게되고 4년 후 압도적으로 당선 된 거예요. 그리고 네덜란드의 수상이 되고 자유대학도 설립하게 됩니다. 그 분이 영역 주권이라는 말을 썼어요. 저는 그 분에게 받은 영향으로 인해 영역별로 제자 훈련을 하게 된 것이지요.

총신대학 4학년 시절인 1980년, 제자선교회를 설립하시고 대표 간사로 일하셨는데 다시 2019년 1월 이사장으로 취임하셨습니다. 곧 제자선교회 설립 40주년 행사가 있는 것으로 알고 있습니다. 제자선교회에 대해서 짧게 설명해주시겠습니까?

제자선교회[1]는 제가 총신대학 4학년인 학생 시절 동료, 후배들과 함께

---

1 제자선교회 홈페이지 : www.dcfmission.com

제자훈련을 하던 작은 모임에서 출발을 했습니다. 40년이 지나 여러 영역과 해외에서 많은 사람들이 사역하고 있는데 2020년 1월, 장신대교회협력센터에서 40주년 기념 행사를 갖게 되었습니다. 특별히 해외에 파송한 선교사님들 중에서 10여명의 선교사님들을 모시고 진행하게 되었습니다.

그 동안 많은 제자를 삼고, 훈련해 오셨는데 가장 기억에 남는 제자가 있다면 소개해 주실 수 있을까요?

"예수님은 이 땅에 노동자로 왔는데. 왜 식자층만 하는가?"
어느 날 저 스스로에게 자문을 했습니다. 하나님께서 주신 마음 같았어요. 처음에 관악구청에 있는 구두닦이를 전도했는데 안 받아들이더라구요. 예수님은 선생님처럼 넥타이나 매시는 분들이나 믿는 거라고 하면서 말을 듣지도 않더군요. 기도하는 중에 '네가 그들처럼 되야 된다'하시는겁니다. 예수님께서 성육신하신 것처럼 해야 된다는 거예요. 그래서 제가 구두 닦는 것 좀 가르쳐 달라고 부탁했어요. 왜 그러시냐는 거예요. 구두 닦는 것 배워두면 좋지 않겠냐고 부탁해서 월요일마다 배웠지요. 그리고 마침내 이 분이 예수님을 믿게 됐어요.

교회 나올 때 재미있는 일이 있었죠. 그 친구가 궁금했던지 하루는 '강 형은 뭐하고 먹고 사냐'는 거예요. 그래서 난 연설해서 먹고 산다고 했어요. 왜냐하면 안 믿는 사람이 교회와서 설교 듣고는 '연설 잘 들었습니다' 하잖아요. 그래서 연설해서 먹고 산다고 한 거예요. 그래서 어디서 연설을 하냐, 웅변 학원을 하냐 아니면 TV에 나오는 뭐 그런 거 하는 거냐… 그게 아니고 난 일요일이 대목이라고 했어요. '어? 뭐야?' 그러는 거예요. 그래서 일요일에 어디 어디에 있는 건물로 오라고 했어요. 와서 보니까 교회잖아요. 아내가 가서 데리고 들어왔어요. 그런데 설교하는 저를 보고 깜짝 놀란 거예요. 그 친구를 오늘 처음 교회에 나왔다고 소개 하니까 사람들이 깜짝 놀라는 거예요. 동네에 아는 분이 있었던 거죠. 소개하는데 우시는 분들도 있었어요. 그 친구가 교회에 나온 것을 보니까 감동을 받은 거죠. 그 후로 교회에 새로운 직분 하나가 생겼습니다. 집사, 권사, 장로, 그리고 목사님 친구.

몇 주 다니다 보니까 좀 창피했나 봐요. 다른 교회를 소개 시켜달라길래 그렇게 했죠. 그러면서 계속해서 제자훈련을 했습니다. 그 후로 그 친구가 목욕탕에 있는 구두닦이를 전도하고 때밀이도 전도하게 되었습니다. 그렇게 해서 관악구의 낮은 위치에 있던 분들이 예수를 믿게 된 거죠.

이 분이 국민학교 5학년인가 중퇴를 했어요. 구두닦이로 하루 벌어서 하루 먹고 즐기는 것이 일과였어요. 아세톤 있잖아요. 매니큐어지우는 거. 구두닦고 나서 손톱에 때가 끼면 아세톤을 사용하면 깨끗이 지워져요. 일이 끝나면 아세톤으로 손톱의 때 지우고 카바레로 춤추러 가곤했어요. 그랬던 친구가 검정 고시를 준비해서 초등학교 중학교 졸업 과정을 합격했어요. 함께 은행에 가서 그의 인생에 처음으로 통장을 만들어 줬어요. 몇 년 후엔 아파트도 사게되었지요.
잊을 수 없는 제자훈련이었습니다.

사실 지금은 대부분 교회마다 제자훈련이라는 프로그램을 운영합니다. 성경을 공부하는 한 과정에 불과한 것이 대다수지요. 마지막으로 목사님께서 해 오신 제자 훈련의 특성과 앞으로의 목표에 대해 간략하게 말씀해 주시지요.

우리 신앙은 구원 받고, 잘 양육되고 그런 다음에 선한 일을 해야됩니다. 디도서 2장 11절 ~ 14절에 나와요. 모든 사람에게 구원을 주시는 하나님의 은혜로 우리는 구원받는 거예요. 그 다음에 양육이 나오는데 양육은 버림과 채움이라고 나옵니다. 버리는게 양육이예요. 보통 인간의 욕심을 육신의 정욕, 안목의 정욕, 이생의 자랑이라고 이야기 하지요. 이것을 버리는게 양육의 과정입니다. 채우는 것은 그 다음이예요.

많은 사람들이 예수 믿고 나면 먼저 채우려고 그래요. 성경 암송하고, 은혜 많이 받고, 은사를 받아 채우려고 그러는데, 그 전에 성경에서는 먼저 버리라고 해요. 버린 후에 채워지는 거예요. 여기 물 한 컵에 독약이 한 방울 있다면, 여기다가 한 백 컵 정도로 부으면 희석이 되겠지요. 그런데 먹을 수 있겠어요? 먹기 어렵겠지요. 그럼 어떻게 하면 되죠. 버린 후에 한번 헹구고 두 번 헹구고, 세 번쯤 후에는 안심하고 먹을 수 있어요. 양육은 이겁니다. 먼저 버려라. 그 다음에 채워라. 채우는 것은 우리나라는 잘해요. 우리나라에 성경 백독 사관학교가 있었어요. 우리 나라외에는 그런 곳이 없어요. 그런데 많이 채운다고 되는게 아니라 얼마나 많이 버려졌느냐가 중요합니다. 그 사람이 얼마나 많이 양육되고 성장되었는지 아는 방법은 얼마나 많이 버렸느냐입니다.

그 다음에 선한 일을 하는데, 선한 일을 하는 방법이 선한 일은 자기가 하고 싶은대로 하는 것이 아니라 하나님께서 그를 부르신대로 하면 됩니다. 이것이 비전이죠. 이것이 제가 말한 영역별로 하라는 것입니다.

로마서 12장 3절부터 8절을 보면 예언의 은사, 가르치는 은사, 구제하는 것, 다스리는 것 등의 은사가 나옵니다. 하나님의 영에 감동 된 메시지가 예언입니다. 이런 것의 구체적인 예로 세상에 하나님의 메시지를 전해 주는 것도 예가 될 수 있죠. 성경에 보면 요나 같은 경우 시장 바닥에서 말씀을 전한 거예요. '회개해라' 니느웨에서 그랬더니 사람들이 돌아 오잖아요. 그래서 믿음있는 언론인을 교회에서 많이 만들어 내야 됩니다.

교회에서 성경만 가르치는 것이 아니라 일반 학문을 가르치는 것도 필요합니다. 자연과학을 가르치는 것도 하나님이 만드신 자연 질서를 가르치는 거예요.

성경은 다른 사람을 구제하기 위해 '돈 벌어라'고 하죠.
너희가 크고자 하면 남을 섬기는 자가 되야 된다고 하지요. 정치인들은 이런 관점에서 정치해야돼요. 그래서 제가 정치인들과 성경공부를 할 때에도 그런 이야기를 했죠. '당신이 왜 국회의원을 하느냐? 국민들에게 종 노릇 해야 된다. 섬기기 위해서 해야된다'.
경제의 영역에서 일하는 분들도 동일합니다. 섬김의 마음과 선지자적인 심정으로 일해야합니다.

이렇게 각 영역에서 제자를 삼고, 각 영역별로 하나님 나라가 이뤄지면 주기도문 가운데 "나라가 임하옵시며"의 기도가 구체적으로 이뤄지는 겁니다. 나라가 임한다는 것은 영역 영역에 하나님 나라의 주권이 이뤄지고 하나님의 통치가 있고 주님되심이 이뤄지는 것입니다. 교회에 사람이 많이 모인다고 세상이 바뀌는게 아니고 세상에서 주님의 제자들이 하나님의 말씀대로 삶을 살아야 하나님의 나라가 이뤄지죠.

목사님들에게도 항상 이야기 해요. 목사가 목사를 가르쳐야지 누가 목사를 가르치겠어요. 제가 미국에서 목회를 한 10년 하면서 보게 된 것은 그 곳에서는 목회자들을 섬기는 목회자들이 많이 있어요. 감리교에서 보면 감리사라고 하죠. 장로교로 보면 노회장, 이런 분들은 목회를 안합니다. 자기 목회를 내려놓고 동료와 후배를 멘토링 하는 것이 그 분들의 사역이에요. 우리나라는 노회장이나 총회장들의 경우를 보면 똑같이 목회를 해요. 그러니 다른 분들 돕기가 쉽지 않죠.

미국 군대에 채플이 없다는 것은 상상하기 어려워요. 군목의 역할이 미군에게는 상당히 커요. 군목은 군인들이 전투할 때 심리적 안정을 주는 것도 있지만 전쟁 윤리를 잘 지키게 하는 역할도 합니다. 포로를 함부로 죽이지 못하게 한다든가 인권을 침해하지 못하도록 하고 절제시키는 것이 군목의 일이죠.

기업도 마찬가지입니다. 미국에는 만 이천 개의 회사에 사목들이 있는데 사목들이 그런 역할을 하는 거죠. 사목은 노조 편도 아니고 회사 편도 아닙니다. 미국의 사목은 노조나 회사에서 사례를 안 받아요. 사람들이 선교사들 후원하는 것처럼 회비를 내주면 그 돈을 가지고 사목들에게 나눠주는 거예요. 당당한 거죠. 우리나라에 노동 운동이 일어나려면 그렇게 해야 됩니다. 우리나라의 기업에 사목들이 생겨질 수 있도록 하는 것이 저의 목표이기도 합니다.

내가 만난 강보형 목사

내 인생의 가장 귀한 만남

강수환 (현 제자선교회 대표 / 서울 용곡중학교 교장)

저는 고등학교 3학년이던 1981년, 천안북일고 재학 시절에 친구 고용운과 이호상을 통해서 예수님을 구세주로 영접한 후, 교회 생활을 통해서 살아계신 예수님을 경험하면서 천국 복음을 전하고자 노력하였습니다.

1982년에 청운의 꿈을 품고 서울대학의 사범대학에 진학하였지만, 캠퍼스는 매일 매일 최류탄이 난무하는 혼돈의 시기였고, 저는 예수님을 믿는 신앙인으로서의 올바른 삶에 대해 고민을 많이 하게 되었습니다. 당시 운동권 친구들이 나라의 민주화와 노동운동을 위하여 기꺼이 대학생이라는 신분을 버리면서 희생하는 모습을 가까이에서 지켜보았습니다. 예수님을 믿는 친구들 중에도 민주화운동에 적극적인 사람이 있는 반면에 오직 복음 증거와 제자훈련에 집중하는 친구들도 있어 또다시 고민에 빠지기도 하였습니다. 다만 예수님께서 복음서에 말씀하신 바는 세상을 폭력이 아닌 사랑(비폭력)으로 변화시키라는 것으로 생각하여, 폭력적인 기득권 세력에 대해서 폭력적인 방법으로 대항하는 것은 아닌 것 같다는 생각이 들어서 시위를 하더라고 전경에게 돌을 던질 수는 없었습니다.

저는 대학교 1학년 때 친구들과 함께 여의도 순복음교회와 순복음교회 대학부를 출석하면서 복음과 성령 충만함을 경험하였고, 서울침례교회 대학부 생활을 통해서 성경을 배우면서 복음 전도와 세계복음화의 비전을 갖게 되었습니다. 하지만 제게는 말씀 위주의 제자훈련과 뜨거운 기도 중심의 성령 운동 사이에서 무엇이 올바른 신앙의 길인지 혼란에 빠지기도 하였습니다.

대학교 4학년 때인 1985년 3월경에 저는 선교회에서 함께 지내던 윤문용 형님(현재 목사님)의 소개로 당시 강보형 전도사님을 만났습니다. 이분과 대화를 하면서 저는 먼저 언급한 바와 같은 신앙적인 고민에 대한 명쾌한(?) 해답을 찾게 되었습니다. 강보형 목사님께서 총신대학교에서 1980년에 설립한 제자선교회(DCF)의 선언문은 < 성령의 능력으로 제자를 삼자 >였고, 이는 말씀 위주의 제자훈련과 체험적인 성령 충만함을 모두 아우르는 말씀이었습니다. 또한 노동의 중요성을 강조하면서 각 영역에서 제자를 삼는 미래의 비전을 제시하는 것이었습니다.

제 후배들 가운데 민주화 운동을 하다가 감옥에 투옥되는 경우가 종종 있었습니다. 1985년 5월경에 감옥에 있는 후배를 면회하러 가는 버스 안에서 성경 말씀을 묵상하다가 저는 제자삼는 사역과 비전이야말로 인간의 고질적인 구조악을 해결하는 유일한 방법임을 깨닫기도 했었습니다. 즉 예수님의 복음은 인간의 죄를 해결하셨고, 제자 삼기를 통해서 성숙한 사람은 사회의 구조악을 해결하는 능력자가 된다는 것입니다.

1985년 당시 강보형 전도사님은 강원도 화천에서 육군 병사로 군 복무를 하셨습니다. 병사로 군 복무를 하면서도 군대 교회를 목회하고 성령의 능력으로 제자를 삼는 사역을 계속하셨습니다.

제 기억에 남는 전도사님의 군인 시절 제자훈련의 열매 중 한분이 이병길 선교사님입니다. 강 전도사님이 이등병으로 강원도 화천의 15사단으로 배치 받았을 때 인사계였던 이병길 상사님을 만났고, 이병길 상사님은 당시 40대 중반이셨다고 합니다.

이병길 상사님을 이등병인 전도사님이 제자훈련을 하며 제자로 삼았습니다. 이병길 상사님은 군 제대 후 신학대학을 졸업하고 필리핀 민도르 섬에서 선교사로 10여년을 활동하시면서 수 천명의 필리핀 (원주민) 망얀족들에게 복음과 사랑을 전하는 역사가 있었습니다.

(제가 1999년과 2001년에 청소년제자선교회 간사님, 제자들과 함께 필리핀 선교 여행을 통해 이병길 선교사님의 수고와 열매를 확인한 바 있습니다.)

저는 1985년에 전도사님께서 군대 생활하시는 강원도 화천을 5회 방문하여 말씀을 배우고, 저의 갈급하고 답답한 질문에 대한 해결을 받곤 했습니다.

전도사님께서는 1985년 10월경, 제대한 직후에, 제가 전도하고자 노력하던 말기암으로 투병중인 고모부님이 경기도 화성에 계시다는 말씀을 듣고, 고모부님 집에 가셔서 누워계시는 고모부님께 치유를 위해 기도하고 복음을 전해주시기도 하셨습니다.

그 후 저는 1987년 1월부터 본격적으로 전도사님 댁에서 진행된 제자훈련팀에서 현재 김상돈 선교사님(과테말라), 천성환 목사님, 박기환 선교사님(필리핀), 김재구 장로님과 남공현 집사님, 오정수 교수님, 황혜석 전도사님 등과 함께 제자훈련을 받았습니다.

그 당시 제자훈련팀에서는 예수님의 복음과 성경 말씀, 성령님의 능력에 대한 역사와 사모함이 불타올랐고 세계선교에 대한 열정 또한 넘쳤습니다. 매주 1회 댁에서 사모님의 정성어린 식사를 대접 받고, 목사님의 능력있는 말씀과 팀원간의 나눔과 훈련은 저희들을 예수님의 제자 삼는 비전으로 뭉치게 했습니다. 함께 훈련 받던 이들은 하나 같이 지금은 선교사로 파송되거나 목회자와 장로로 세움 받는 귀한 예수님의 제자들이 되었습니다.

팀원 중 한분인 수원 창현고 김상돈 교목님을 통해서 그 학교의 신실한 기독교사인 아내를 소개받은 것도 크나큰 축복중의 하나였고, 강보형 목사님은 제 결혼식 주례도 맡아 주셨습니다. 제가 직장 일 뿐만 아니라 제자삼는 사역을 위해서 가정에 소홀한 적도 많았는데, 제 아내는 제자선교회에서 제자훈련을 받았기에 늘 분주한 저를 이해하고 기도해주어서 오늘까지 제가 선교회 사역을 감당할 수 있음에 크게 감사드립니다.

저는 제자양육을 받으면서 강보형 목사님께서 담임하시던 한소망교회에서 대학청년부 담당자로 동역하기도 하다가 거주지가 용인 신갈이어서 이동원 목사님께서 지구촌교회를 개척하신 교회로 이동하였고, 교사로서는 기독학생반 사역과 청소년제자선교회(YDCF) 사역을 20여년 감당하였습니다.

1987년 서울 광남고 교사로 발령 받아서 교사로 일하기 시작했고, 1988년부터 기독학생반을 섬기면서 복음 전도와 청소년 제자양육에 헌신하게 되었습니다. 1991년에는 가락고 기독교반, 1998년에는 청량고 기독교반, 1999년에는 장평중학교 성경찬양반, 2003년에는 동대문중학교 영어성경반 등을 개척하고 운영하였습니다. 이 기간 동안 청소년제자선교회의 정기한목사님과 최현영간사님, 박동렬 교수님과 김현주 간사님등 동역자들과 함께 했고, 기독교사들의 제자훈련도 섬길 수 있었습니다.

1995년부터 청소년제자선교회는 기독교사연합 회원으로서 기독교사대회(강원대)에 참가하여 좋은교사운동의 학원복음화 사역이라는 작은 역할도 감당했습니다.

그 후 저는 선교사로는 해외에 나가지 못하지만 교육자로서 해외에서 근무하고자하는 비전을 갖게 되었고, 이를 위해 2007년에 서울시교육청 장학사 시험에 합격하여 교육행정가로서 학교를 섬기다가 2013년 8월에 교육부 주관 해외파견 교육공무원 선발 시험에 합격하여 2014년 8월부터 2017년 8월까지 호주 시드니한국교육원장으로 근무하면서 한국의 교육 외교관으로 호주에서 한국어를 보급하고, 한글학교를 지원하는 보람찬 일을 감당하기도 하였습니다. 귀국 후 현재는 서울의 용곡중학교에서 교장으로 청소년들을 섬기고 있습니다.

제가 강보형 목사님을 만나지 못했더라면 위의 일들은 거의 일어나기 어려웠다고 생각합니다. 목사님과의 만남과 제자훈련을 통해서 저는 올바른 사역과 삶의 방향을 제시받았고, 부족함과 때로 넘어질 때도 있었지만 푯대를 향해서 달려올 수 있었습니다.

목사님을 생각하면, 고린도전서 4장 15절 말씀 '그리스도 안에서 일만 스승이 있으되 아버지는 많지 아니하니 그리스도 안에서 내가 복음으로써 너희를 낳았음이라'이 생각납니다. 사람이 성장하면서 스승으로 어떤 분을 만나는 것인가가 매우 중요하다고 봅니다. 미국에서의 목회사역 등을 감당하시느라고 공간적으로 늘 함께 있었던 것은 아니지만, 저는 제가 강보형 목사님을 인생과 사역에서의 영적 아버지로 만나게 하신 주님께 늘 감사드리고 있습니다.

목사님께서 주님이 부르시는 그 날까지 영육 간에 강건하셔서 <성령의 능력으로 제자삼자>라는 푯대를 향하여 달려가시길 기도합니다.

구원(EVANGELISM)

1. 예수는 메시야인가?
2. 십자가의 도
3. 부활의 도
4. 아들 됨 (SONSHIP)
5. 영적 세계

구원 (Evangelism)

예수는 메시아인가?

> 예수께서 빌립보 가이사랴 지방에 이르러 제자들에게 물어 이르시되 사람들이 인자를 누구라 하느냐 이르되 더러는 세례 요한, 더러는 엘리야, 어떤 이는 예레미야나 선지자 중의 하나라 하나이다. 이르시되 너희는 나를 누구라 하느냐 시몬 베드로가 대답하여 이르되 주는 그리스도시요 살아 계신 하나님의 아들이시니이다
>
> [마태복음 16:13-16]

빌립보 가이사랴라는 지방에 도착했을 때 예수님께서 제자들에게 '너희는 나를 누구라 하느냐'고 물으셨습니다. 나사렛 출신의 목수 일을 했던 예수가 누구냐는 질문은 당시 유대인들에게 흔히 들을 수 있는 질문이었습니다. 당시 이스라엘은 유다왕국이 바벨론의 느브갓네살이라고 하는 왕에게 B.C586년 멸망 당한 후 여전히 나라를 회복하지 못한 상황이었습니다. 바벨론 왕국은 헬라에 의해, 헬라는 로마에 의해 멸망을 당했지만 이스라엘은 여전히 식민지 상태에 놓여 있었습니다. 통치하는 국가만 바뀐 셈입니다. 나라가 멸망한 지 600여년의 세월이 흘렀습니다. 여전히 로마의 통치 아래 있던 유대인들은 메시야가 등장하기를 고대하고 있었습니다. 메시야가 출현하면 이스라엘이 회복되리라 희망했기 때문입니다.

이스라엘 백성들은 하나님께서 약속하신 메시야를 기다렸습니다. 바벨론에 의해 이스라엘이 멸망하기 전, 하나님께서는 선지자들을 통해 메시야를 보내 이스라엘 나라를 회복시키실 것을 약속해 주셨기 때문입니다. 로마의 식민 통치를 받으면서도 유대인들은 이 메시야의 등장을 기다리고 고대하고 있었습니다. 히브리어인 메시야를 헬라어(그리스어)로는 그리스도라고 합니다. '기름부음을 받은 자'라는 뜻입니다. 그동안 자칭 메시야도 있었고 메시야로 추앙을 받은 자들도 있었지만 결국은 자연스럽게 사라지고 말았습니다. 그럴수록 유대인들에게 메시야의 등장에 대한 기대는 높아만 갔습니다. 이 때 예수님께서 등장하신 것입니다. 나사렛 출신의 예수가 나타나서 많은 이적을 행했습니다. 대표적인 것이 병자들을 고치는 것이었습니다. 수 많은 이적과 기사도 행했습니다. 그러나 사람들은 의심을 했습니다. 가장 고민스러운 것이 예수님의 출생지였습니다. 예수님께서 자란 곳은 갈릴리 지역의 나사렛이라는 아주 작은 시골 마을이었습니다. 나다나엘이라고하는 사람은 그의 친구 빌립이 예수님을 만나고 나서 선지자가 기록한 그 이를 우리가 만났다라고 말하자 나사렛에서 무슨 선한 것이 날 수 있느냐라고 의문을 표했습니다(요1:46).

당시 예수님에 대하여 사람들 사이에 논란이 일어났습니다.

"나사렛 출신의 예수가 과연 누구냐?"

사람들마다 의견이 달랐습니다. 선지자 엘리야, 혹은 예레미야, 혹은 세례요한이라고 하는 사람도 있었습니다. 그래서 예수님께서 제자들에게도 물으신 것입니다.

"너희는 나를 누구라고 생각하느냐?"

이 때 베드로가 대답을 했습니다.

"주는 그리스도시요. 살아계신 하나님의 아들이시니이다"(16절)

베드로는 예수님에 대하여 '주는 그리스도'라고 했습니다. 이것은 오늘날 우리가 할 수 있는 쉬운 대답이 아니었습니다. 예수님이 그리스도라고 하는 것은 그가 하나님의 아들이라는 것입니다. 당시 예수님을 향하여 당신이 하나님의 아들이십니다라고 고백하는 것은 굉장히 위험한 고백입니다. 예수님이 왜 십자가에서 죽으셨습니까?
자신이 하나님의 아들이라고 하셨기 때문에 죽으셨습니다. 유대인들이 보기에 예수님이 메시야라면 이스라엘을 로마의 식민지로부터 구출하고 이스라엘의 왕국을 회복해야하는 존재입니다. 그들은 수백년을 그렇게 기다려왔습니다. 당시 유대인들은 나사렛에서 온 한 젊은 청년이 자신을 메시야라고 하는 것을 하나님애 대한 모욕으로 보았습니다. 그러나 예수님의 질문에 베드로는 '당신이 메시야(그리스도)요 하나님의 아들'이라고 고백을 했습니다.

예수님을 누구로 알고 있는가? 나사렛 예수를 메시야로 알고 믿는가? 예수님이 정확하게 누구인가를 알고 믿느냐는 우리 신앙의 가장 중요한 출발점입니다. 잘못된 메시아관을 가지고 있으면 다른 예수를 좇게 됩니다. 멜깁슨 감독이 제작한 '패션 오브 더 크라이스트'의 영화 상영을 유대인들은 강력하게 반대하였습니다. 그 이유는 자기들이 생각한 메시아는 예수가 아니기 때문입니다. 이 영화는 모든 대사가 아람어이지만 첫

장면에 나온 이사야서 53장 5절은 영어 자막으로 처리하였습니다. 이사야서 53장은 유대인의 금서로 해석을 못하게 하고 있기 때문입니다. 현대의 유대인들은 여전히 우리가 믿는 예수님을 메시야로 인정하지 않고 있습니다. 유대인이면서 나사렛 예수를 믿는 사람들을 메시아닉 이라고 부릅니다. 이들은 극히 소수에 불과합니다. 과연 유대인들이 믿고 있는 메시야관은 무엇이 잘못된 것일까요?

1. 유대교적 메시아

유대인들은 메시야를 정치적 자유와 경제적 풍요, 사회적 정의를 가져오는 자로 이해하였습니다. 따라서 그들은 고난만 받고 십자가에서 힘없이 처형된 예수를 메시아로 인정할 수 없었습니다. 구약이 예언한 진정한 메시야는 부활하신 예수 그리스도이십니다. 하나님이 다윗의 씨인 예수를 죽은 자들 가운데 일으켜 자기 우편에 앉히시고 만유의 왕으로 세우셔서 나단의 신탁을 성취하신 것입니다.

> '네 수한이 차서 네 조상들과 함께 누울 때에 내가 네 몸에서 날 네 씨를 네 뒤에 세워 그의 나라를 견고하게 하리라 그는 내 이름을 위하여 집을 건축할 것이요 나는 그의 나라 왕위를 영원히 견고하게 하리라'(사무엘하 7:12,13)

유대인들은 다윗이 주변의 국가들을 정복하였던 것처럼 로마의 압제에서 이스라엘을 해방시켜줄 메시야를 기대했습니다. 다윗의 시대처럼 경제적 부요와 사회적 정의를 가져올 메시야의 시대를 고대했던 것입니다. 이런 유대인의 시각에서 나사렛이라는 작은 마을 출신의 예수, 더구나 그의 직업이 목수라니…

그의 출신과 경력, 외모가 너무나 볼품 없었기에 그를 메시야로 인정하기에는 선뜻 마음이 내키지 않았던 것입니다.

사도 바울도 처음에는 예수를 메시야로 인정하지 않았을 뿐만 아니라 예수를 메시야로 믿는 제자들을 심히 박해했던 유대인입니다. 제자들을 박해하던 자였음에도 불구하고 예수를 메시야로 인정하고 이 소식을 증거하는데 자신의 목숨을 내어 놓았던 바울의 고백을 들어볼까요?

> '그의 아들에 관하여 말하면 육신으로는 다윗의 혈통에서 나셨고 성결의 영으로는 죽은 자들 가운데서 부활하사 능력으로 하나님의 아들로 선포되셨으니 곧 우리 주 예수 그리스도시니라'
> (로마서 1:3,4)

예수를 배척했던 유대인들뿐만 아니라 예수님을 따랐던 사람들조차 예수님에 대해 오해를 하였습니다. 예수님이 행하신 수 많은 이적을 목도하고 예수님이 메시야라고 생각하면서도 막상 그들은 예수님께 엉뚱한 제안을 합니다. 예수님을 임금으로 삼으려 시도했습니다.

> "그 사람들이 예수께서 행하신 이 표적을 보고 말하되 이는 참으로 세상에 오실 그 선지자라 하더라. 그러므로 예수께서 그들이 와서 자기를 억지로 붙들어 임금 삼으려는 줄 아시고 다시 혼자 산으로 떠나 가시니라" (요한복음 6:14,15)

제자들 역시 마찬가지입니다. 자신들이 인생을 걸고 따르는 예수께서 메시야임이 확실해지자 자신들의 속내를 드러냅니다. 예수님의 제자였던 요한과 야고보의 어머니는 두 아들을 예수님께 데리고 와서 공개적인 청탁을 합니다.

"나의 이 두 아들을 주의 나라에서 하나는 주의 우편에 하나는 주의 좌편에 앉게 명하소서."(마태복음 20:20)

이에 대한 예수님의 대답이 무엇인가요?

"너희는 너희가 구하는 것을 알지 못하는도다. 내가 마시는 잔을 너희가 마실 수 있느냐?" (마태복음 20:22)

제자들은 예수님이 메시야임을 믿기는 했지만 메시야가 하셔야 하는 일이 무엇인지 정확하게 인지하지 못했던 것입니다. 이처럼 예수님이 메시야임을 믿는다 할지라도 잘못된 메시야 관을 갖게되면 메시야를 통해 이익을 얻으려하고 분쟁이 일어납니다. 잘못된 메시야관으로 인해 야기되는 잘못된 예를 들어볼까요?

1) 복음을 전파하면서도 식민지화를 합리화했습니다.
2) 유대인들은 지금도 세계를 통치하려고 합니다.
3) 예수님을 단지 죄를 사해주고 천국 갈 수 있는 복만 주시는 분으로 오해합니다.

2. 예수는 어떤 메시아인가?

메시야는 '기름 부음을 받은 자'라는 뜻입니다. 구약 시대에는 세 가지 직분자들에게 기름을 부었습니다. 왕, 제사장, 선지자들에게 기름을 부었는데 이 세 가지 직분을 동시에 갖고 있었던 인물은 한 사람도 없습니다. 가장 근접한 인물이 다윗이지만 그는 제사장이 될 수는 없었습니다. 출신이 유다 지파인지라 제사장이 되는 것만큼은 불가능했습니다. 그러나 예수님께서는 이 세 가지 직분을 모두 갖고 계신 메시야였습니다.

- 왕 : 사단의 통치로부터 보호해 주시는 만왕의 왕 (요일 3:8)
- 제사장 : 우리들의 모든 죄를 해결해 주신 참 제사장 (롬 5:8)
- 선지자 : 하나님 아버지를 만나는 유일한 길인 예수 그리스도 (요 14:6)

예수가 메시야임을 부인했던 바울이 부활하신 예수님을 만난 후 예수가 메시야임을 믿고 예수가 누구인지 다음과 같이 고백합니다.

(1) 우리 모두를 위해 대속의 죽음을 담당하신 분
 (고린도후서 5:14,21)
(2) 그리스도인들을 핍박한 죄를 다 용서하시고 나를 새롭게 창조하신 분 (고린도후서 5:16,17)
(3) 대속의 제사에 의거해 사람들을 하나님과 화해 시키는 분
 (고린도후서 5:18)

3. 인류의 메시야

예수님께서는 자신이 단지 이스라엘의 정치적 메시야가 아닌 영적 죽음에 사로 잡혀 있던 인류를 구원하실 메시야로 자각하고 계셨습니다. 메시야로서 자신의 임무가 무엇인지를 확실하게 보여주는 장면이 제자들의 발을 씻겨주신 세족식입니다.

유월절 전에 예수께서 자기가 세상을 떠나 아버지께로 돌아가실 때가 이른 줄 아시고 세상에 있는 자기 사람들을 사랑하시되 끝까지 사랑하시니라. 마귀가 벌써 시몬의 아들 가룟 유다의 마음에 예수를 팔 생각을 넣었더라.

> 저녁 먹는 중 예수는 아버지께서 모든 것을 자기 손에 맡기신 것과 또 자기가 하나님께로부터 오셨다가 하나님께로 돌아가실 것을 아시고 저녁 잡수시던 자리에서 일어나 겉옷을 벗고 수건을 가져다가 허리에 두루시고 이에 대야에 물을 떠서 제자들의 발을 씻으시고 그 두루신 수건으로 닦기를 시작하여 시몬 베드로에게 이르시니 베드로가 이르되 주여 주께서 내 발을 씻으시나이까 예수께서 대답하여 이르시되 내가 하는 것을 네가 지금은 알지 못하나 이 후에는 알리라 (요한복음 13:1 ~ 6)

예수님께서 수건을 허리에 두루시고 제자들의 발을 씻기고 닦아 주셨습니다. 이 행위는 당시 종이 주인에게 하는 것입니다. 주인이 종의 발을 닦는다는 것은 있을 수 없습니다. 주종 관계가 바뀐 것입니다. 당연히 베드로가 반발을 합니다.

이 세족식을 통해 예수님께서는 이 땅에 오신 메시야가 진정 해야할 일이 무엇인지를 몸으로 보여주셨습니다.

   a. 메시야는 죄의 문제를 근원적으로 해결하시는 분임을 보여주셨습니다.
   b. 메시야는 섬김을 받는 분이 아닌 섬기는 분임을 보여주셨습니다.

오늘 우리는 예수님이 메시야임을 믿고 있기는 하지만 오해하고 있는 부분은 없습니까? 예수 믿고 죄 사함 받아 천국 가는 복을 주시는 분으로만 이해하고 있지는 않는지요?

바울은 예수가 십자가에서 죽은 것은 자기 죄 때문에 하나님의 저주를 받은 것이라 생각했었습니다. 하지만 다메섹 도상에서 부활하신 예수님을 만난 후 그의 죽음을 메시아적인 행위의 중심으로 보고, 그를 통해 하나님 나라의 본질적 구원이 이루어지는 진정한 메시야임을 알았습니다. 바울은 이후 목숨을 걸고 예수가 진정한 메시야임을 증언하게 되었습니다.

오늘 우리도 나사렛 예수가 인류 가운데 존재했던 위대한 성인 중의 하나가 아니라 유일한 메시야, 하나님의 아들 그리스도임을 믿고 증거하는 제자가 되어야겠습니다.

구원 (Evangelism)

십자가의 도

이 세상에는 많은 원리와 법칙이 있습니다. 그리고 그 원리와 법칙을 알게되면 우리는 많은 유익을 누리게 됩니다. 원시인들은 천둥과 번개를 신의 노하심이라고 생각하고 공포에 떨었습니다. 그러나 천둥과 번개의 생성 원리와 법칙을 알게 될 때 인류는 피뢰침을 달고 그 두려움으로 부터 자유케 되었습니다.

이보다 더 중요한 원리가 많은 사람들에게 가리워져 있습니다. 이 세상에 가장 중요한 진리가 무엇일까요? 성경은 바울을 통해 (고전 15: 3-4) 가장 중요한 진리(first importance)는 예수 그리스도의 죽으심과 부활이라고 증거하고 있습니다.

바울뿐만 아니라 지금도 수 많은 사람들이 죽으심과 부활을 가장 중요한 진리라고 증거하고 있습니다.
물론 기독교를 대적하는 사람들뿐만 아니라 자신이 기독교인이라고 하면서도 예수 그리스도를 역사적 인물임을 부인하는 사람들이 있습니다. 허구로 만들어진 신화적 존재 라고 생각하는 것입니다.

내가 어린 시절에 가장 존경하고 닮고 싶은 사람은 아프리카의 성자라고 불리고 1952년 노벨 평화상을 수상한 알버트 슈바이처였습니다. 나중에 그가 철학박사요, 의학박사였지만 예수그리스도의 역사성을 부인하는 신학박사였다는 것을 알고 상당히 혼란에 빠졌었습니다. 그를 파송한 프랑스 선교부에서 아프리카(현재의 가봉)로 파송 할 때 그에게 절대로 설교를 하거나 전도를 하는 것을 금지하고 자유주의 신학은 거론도 말도록 서약을 하게 했었습니다. 의료행위와 구제 활동만 하라고 했습니다. 슈바이처는 예수 그리스도의 죽음이 "인류의 죄를 위한 대속적 죽음"이라고 주장하는 것은 무지한 사람들의 아집이라고 생각했습니다. 당연히 부활은 더 황당한 신화라고 생각했습니다.

십자가의 도와 부활의 도는 각자 2중 구조로 되어 있습니다

십자가의 도와 부활의 도의 2중 평형 구조

십자가의 도 (마 6:12)	부활의 도(고전 15:1-58)
예수님의 십자가 / 마태 6:12 B 우리 죄를 사하여 주옵소서	예수님의 부활 / 고전 15: 1-11
나의 십자가 / 마태 6:12A 우리가 우리에게 죄 지은 자를 사하여준 것	우리의 부활 / 고전 15: 12-58
예수님의 십자가를 기념하는 고난 주간처럼 우리도 십자가를 져야 한다.	예수님의 부활을 기념하는 부활절처럼 우리의 부활도 적용되어야 한다.

여기서는 먼저 십자가의 도를 보겠습니다. 그리고 다음 과에서 부활의 도를 다루겠습니다

> '십자가의 도가 멸망하는 자들에게는 미련한 것이요 구원을 받는 우리에게는 하나님의 능력이라'(고린도전서 1:18)

하나님에게서조차 버림 받은 듯한 아픔 속에서 인내하며 용서하는 십자가를 지는 삶이 불신자들에게는 분명 미련해 보일 것입니다. 그러나 이것은 하나님의 자녀인 우리, 예수 그리스도의 십자가를 따라가고 싶은 우리에게는 하나님의 능력입니다.

우리가 잘 아는 손양원 목사님은 자신의 사랑하는 두 아들을 죽인 살인자를 용서했습니다. 미련한 것입니까? 능력있는 것입니까? 손 목사님은 아들을 죽인 원수를 용서할 수 있는 마음을 주신 하나님께 감사했습니다. 이것이 참된 능력입니다.

십자가는 로마 시대의 사형 집행 방법입니다. 보통 로마에 대항한 반란군이나 중죄인들을 사형 시킬 때 십자가형을 통해 사형을 집행했습니다. 일종의 시범 케이스입니다. 이 사형 제도를 보여줌으로써 일종의 경고와 위협을 한 셈입니다. 그러나 너무나 잔인한 제도인지라 4세기 경 십자가형은 폐지됩니다. 십자형 나무에 손과 발에 못을 박아 고통속에 죽게하는 십자가형은 3일동안 죽지 않고 고통에 몸부림치기도 했다고 합니다. 그야말로 최대한의 고통속에 죽음을 맞이하게 하는 최악의 형벌이었습니다.

지금은 기독교의 상징으로 십자가를 사용합니다만 초기의 기독교를 상징하는 모양은 물고기였습니다. 상징으로 사용하기에도 너무나 잔인했던 것이 십자가였던 것입니다. 하지만 십자가는 예수님의 생애에서 빠질 수 없는 핵심입니다. 예수님은 십자가를 통해 세상 죄를 지시기 위해 이 땅에 오셨습니다. 아담 이래로 사람들이 죄를 짓지 않았으면 예수님은 십자가를 지지 않았을 것입니다. 그러나 그 십자가의 도는 예수님의 십자가만 있는 것이 아닙니다. 우리의 십자가도 있습니다. 사람들이 사람들끼리 죄를 짓지않는다면 우리도 십자가를 질 필요가 없을 것입니다.

'아무든지 나를 따라오려거든 자기를 부인하고 날마다 제 십자가를 지고 나를 따를 것이니라'(누가복음 9:23)

우리는 십자가의 도에서 두가지를 평형적으로 보겠습니다. 먼저 예수님의 십자가를, 그리고 그 후에 나의 십자가를 살펴 보겠습니다.

1. 예수님의 십자가

  보라 세상 죄를 지고 가는 하나님의 어린 양이로다(요한복음 1:29)

예수님은 공간적으로는 예루살렘부터 유대 사마리아 땅끝까지의 모든 죄를 지고 가셨습니다. 시간적으로는 아담 이후 세상 끝날 까지의 모든 죄를 담당 하셨습니다.

  "허물과 죄로 죽은 너희들을 살리셨다 (에베소서 2:1)

에베소인의 허물과 죄만을 위해 죽었습니까? 하나님을 믿지 않는 모든 인류가 죄로 죽은 자입니다. 허물(헬:파라프토마)은 연약함 때문에 범하는 우리의 자범죄를 의미합니다. 죄(헬:하마르티아)는 죄의 뿌리, 원죄, 죄성을 말합니다. 예수님께서는 원죄와 자범죄를 불문하고 우리의 모든 죄를 위해 십자가에서 죽으셨습니다. 그래서 누구든지 회개하고 예수님을 구주와 주님으로 믿으면 죄 사함을 받습니다. 부활하셔서 지금도 살아계신 부활체로 계신 예수님을 마음에 영접하고 그 분의 통치를 받으면 기억도 않으시는(렘31:34, 히10;17) 죄 사함의 은혜를 받습니다. 죄 사함만이 아닙니다.

  "그가 찔림은 우리의 허물을 인함이요 그가 상함은 우리의 죄악 때문이라 그가 징계를 받으므로 우리가 평화를 누리고 그가 채찍에 맞으므로 우리는 나음을 받았도다" (이사야 53: 5)

찔림과 상함뿐만 아니라 "징계"(히:무사르)를 받으셨다고 합니다. 이 징계는 앞의 찔림과 상함 전체를 모두 포함하는 하나님의 진노를 의미합니다. 정신(혼)적인 구원을 이루시는 것입니다. 죄를 짊어지고 있는 예수님은 우리를 대신하여 하나님께서 버리신 것입니다. 하나님과 분리되어 원수가 될 때에 우리는 불안하고 외롭고, 두렵고, 곤고 할 수 밖에 없습니다. 이 정신적인 고통을 대신 받아 주셔서 우리는 마음의 평안을 누리게 되었습니다. 마지막으로 채찍에 맞으므로 나음(히:라파)을 얻었습니다. 이는 육적인 차원의 구원을 얻게 하신 것입니다.

기독교는 전인적인 구원의 종교입니다. 예수님께서는 죄와 허물만이 아니라 육체의 질병도 담당하셨습니다. 예수님은 3년 공생애 기간 동안 많은 병자를 치유하셨습니다. 부활의 주님이 나와 함께 사시면 이 모든 것은 시간과 공간을 초월하여 동일하게 일어 날 수 있습니다.

앤드류 머레이(Andrew Murray)는 [그리스도의 영 The Spirit of Christ]에서 그리스도의 대속의 특징(필자의 해석: 궁극적 목적)이 새로운 인격의 창조에 있다고 말합니다. 성령님을 통하여 인간의 영혼을 재창조하시고 그 새롭게 된 인격안에 실제적으로 거하시기를 원하신다고 합니다. 새로운 신적 능력을 가지고 우리 안에 단계적으로 역사하셔서 새로운 지식, 새로운 의지, 새로운 감정으로 변화시키고 성화시켜 나가는 것입니다

2. 나의 십자가

예수님은 십자가를 자신만 지신 것이 아니라 자신을 따르는 모든 사람들은 자기 십자가를 져야 한다고 주문하시기도 하셨습니다.

예수님께서 말씀하신 자기 십자가는 자신이 감당해야 할 '고난'만 의미하는 것이 아닙니다. 자기 남편을 '자기 십자가'라고 하는 분들이 계십니다. 그러나 예수님께서 말씀하시는 자기 십자가는 다른 이의 죄를 내가 대신 지고 용서하는 용서의 십자가가 더 근본적인 해석입니다.

독일의 양심이라고 불리는 디트리히 본 회퍼는 1906년 독일 출생하여 21살에 신학박사 학위를 받고 후진을 양성하던 중 히틀러를 암살하려다 1943년 체포되었습니다. 1945년 4월 9일, 히틀러가 자살하기 3주 전, 39세에 교수형을 당했습니다. 그는 "그리스도인은 타인에게 그리스도가 되어 주어야 한다. 타인에게 그리스도가 되어주는 것은 죄 사함을 위해 예수님께 기도해줄 뿐 아니라 그의 죄를 용서해 주는 것"이라고 말하였습니다.

우리 속에 존재하는 것 중에서 가장 신적이고 기이하며, 비밀스럽고 거룩한 최상의 능력은 그의 죄를 하나님이 주신 권세로 용서하고 본인이 하나님에게서 버리워지며 그 죄를 짊어져 주는 것입니다. 그것은 예수님의 십자가와 무엇이 다릅니까? 예수님은 세상 죄를 지고 가신 것이고, 우리는 나에게 죄 지은 자를 사하여 주는 것입니다.(마6 ;12) 예수님은 자신의 능력으로 이 일을 하시지만 우리는 달이 해의 빛을 반사하듯이 성령님의 능력을 받아서(요한 21:22-23) 죄를 사해 주는 것입니다.

교회가 부패할 때 교회는 예수님의 십자가만 이야기합니다. 우리가 져야 할 십자가는 사라집니다. 예수님만 십자가를 지고 자신은 십자가를 지려고 하지 않을 때 교회는 부패합니다.

예수님께서 우리의 죄를 용서해 주시기 위해 십자가에서 죽으셨던 것처럼 다른 사람의 죄를 용서해야 합니다. 단회적인 것이 아니라 일곱 번을 일흔 번이라도 그를 위해 십자가를 지는 삶을 살아야 합니다. 물론 예수님의 십자가와 나의 십자가는 차원이 다릅니다. 다시 한번 강조 합니다. 예수님의 십자가는 영원전부터 영원까지(아담부터 종말까지) 인류의 모든 죄를 담당하신 대속의 십자가입니다. 내가 져야 하는 십자가는 내가 살아가는 시대의 나와 관계된 죄를 짊어지는 것입니다.

레위기 16장에 속죄일(욤키푸르)을 어떻게 지켜야하는지 기록되어 있습니다. 제물로 사용하는 두 마리의 숫염소는 회막문 앞에서 제비를 뽑아 한 마리는 여호와를 위하여 속죄제로 드리고 나머지 한 마리는 아사셀을 위하여 광야로 보내졌습니다. '아사'는 '떠난다' '셀'은 '염소'라는 뜻이니 '떠나는 염소'라고 할 수 있습니다. 아사셀 한다는 것은 떠나보낸다는 의미입니다. 나에게 죄 지은 사람을 용서한다는 것입니다.

유대인들에게 있어서 속죄일은 하나님께서 명령하신 가장 큰 명절입니다. 그들은 대속죄일 이전의 한달 동안 서로의 죄를 용서합니다. 그런 다음에야 대속죄일에 하나님께 죄사함을 위해 제사 드릴 수 있습니다. 하나님으로부터의 용서만이 아니라 우리 역시 우리에게 죄 지은 자를 용서하는 것이 진정한 용서입니다. 베드로가 예수님께 묻기를 " 형제가 죄를 범하면 몇번이나 용서를 하여 주리이까 ? 라는 질문에 이렇게 답하셨습니다.

 '네게 이르노니 일곱번뿐 아니라 일곱 번에 일흔 번까지라도 할지니라'(마태복음 18:22)

예수님께서는 기도에 대하여 가르치실 때에도 이 점을 강조하십니다.

 '너희가 사람의 잘못을 용서하면 너희 하늘 아버지께서도 너희 잘못을 용서하시려니와 너희가 사람의 잘못을 용서하지 아니하면 너희 아버지께서도 너희 잘못을 용서하지 아니하시리라'
 (마태복음 6:14,15)

왜 교회가 분쟁합니까? 십자가를 지지 않기 때문입니다. 이 시대의 문제는 대부분 용서하지 않는 것에서 출발합니다. 십자가의 절규는 우리에게 깊은 성찰을 요구합니다. 예수님께서 십자가 위에서 유일하게 소리를 지르신 것이 있습니다. 소리를 질렀다기 보다는 절규하셨습니다.

 '예수께서 크게 소리 지르시되 엘리 엘리 라마 사박다니'
 (마가복음 15:34)

예수님께서 우리의 죄를 담당하시는 이 순간만큼은 하나님께서도 개입하지 않으시고 돕지 않으십니다. 그 아픔을 있는 그대로 겪게 하셨습니다. 예수님께서 이 순간만큼은 아버지로부터 버려졌다는 느낌을 받고 '어찌하여 나를 버리셨나이까' 탄식하신 것입니다.

우리가 다른 사람의 죄를 담당할 때에도 하나님은 침묵하십니다. 다른 사람의 죄를 담당하는 것, 십자가를 지는 삶은 이렇게 어렵습니다. 용서란 아픔 그대로를 경험하고 하나님으로부터 버림을 당하는 것이기도합니다. 예수님께서 이렇게 하나님 아버지로부터 버림을 당한 이후에야 성소의 휘장이 갈라졌습니다.(마가복음 15:38)

지성소와 성소의 구분이 사라진 것입니다. 사람들은 예수님을 향하여 '이 사람은 진실로 하나님의 아들이었도다'라고 인정을 했습니다.
우리가 언제 하나님의 사람으로 인정을 받습니까?
화평케 하는 자가 하나님의 아들로 인정을 받습니다.

우리가 다른 사람의 죄를 짊어지고 하나님에게서 버림 받으면서도 용서를 위하여 고난을 당할 때 하나님께서는 그 죄를 기억하지 않으십니다. 우리가 서로 용서할 때 세상이 우리를 인정하고 이는 실로 하나님을 믿는자(하나님께로 거듭난 아들)였다라고 고백 할 것입니다.

3. 나를 위한 십자가

나는 용서했는데 본인이 회개하지 않으면 어떻게 하느냐는 질문이 있을 수 있습니다. 용서는 선포입니다. 회개하는 것은 나에게 속한 것이 아닙니다. 회개는 상대방에게 속한 것입니다. 하나님께서도 우리의 죄를 용서하신 것으로 선포하셨습니다. 이 용서를 믿고 받아들이는 사람이 있는가하면 믿지 못하겠다는 사람들도 많이 있습니다. 사실 상대방보다도 나 자신에게 필요한 것이 용서입니다.

누군가를 용서하지 못하고 평안한 삶을 살 수 있습니까? 누군가를 용서하지 못하고 마음에 갈고리를 걸고 마음의 샬롬(평안)을 누릴 수 있습니까? 용서하지 않고는 절대 평안을 누릴 수 없습니다. 참된 용서는 나 자신을 위해서 필요한 능력입니다

하나님도 하나님 자신을 위하여 용서하신다고 하십니다.

> '나 곧 나는 나를 위하여 네 허물을 도말하는 자니 네 죄를 기억지 아니하리라'(이사야 43:25)

우리도 다른 사람의 죄를 용서하는 것이 다른 사람을 위한 것이 아니라 결국은 나를 위한 것입니다. 우리도 내 자신을 위하여 용서해야 합니다. 불신자들에게 용서는 불가능합니다. 이슬람교에서는 보복하는 것이 미덕이요, 의무라고 생각합니다. 죄를 용서하는 것은 하나님의 특권이며 하나님의 자녀들인 우리가 행할 수 있는 특권이기도 합니다. 믿음의 사람만이 예수님의 십자가를 본받아 용서의 삶, 십자가의 삶을 살아낼 수가 있습니다. 십자가의 핵심은 '희생'이 아니라 '용서'입니다.

예수님의 십자가와 부활은 나와 어떤 관계가 있습니까?
내가 예수님을 믿는다는 것은 예수님의 통치를 받는 것입니다. 내가 사

는 것이 아니라 그리스도께서 내안에 사는 것입니다. 내가 그리스도께 순종하는 삶을 살면 결국 나도 예수님처럼 살게 됩니다. 예수님이 십자가를 지셨던 것처럼 나도 날마다 십자가를 지는 삶을 살게 됩니다.

예수님이 죽음의 권세를 이기시고 부활하신 것처럼 나도 죽음의 권세를 이기고 부활하리라는 소망을 갖는 것입니다.

구원 (Evangelism)

부활의 도

이 세상에서 가장 믿기 어려운 진리가 무엇일까요? 16세기 코페르니쿠스가 처음 주장한 지동설일까요? 코페르니쿠스가 지동설을 주장했을 당시 이를 믿는 사람이 거의 없었습니다. 그는 이 진리에 자신의 생명을 걸어야 했습니다. 그러나 지금은 지동설을 믿지 않는 사람은 없습니다.

1. 가장 믿기 어려운 진리

"그들은 예수께서 살아나셨다는 것과 마리아에게 보이셨다는 것을 듣고도 믿지 아니하니라 그 후에 그들 중 두 사람이 걸어서 시골로 갈 때에 예수께서 다른 모양으로 그들에게 나타나시니 두 사람이 가서 남은 제자들에게 알리었으되 역시 믿지 아니하니라. 그 후에 열한 제자가 음식 먹을 때에 예수께서 그들에게 나타나사 그들의 믿음 없는 것과 마음이 완악한 것을 꾸짖으시니 이는 자기가 살아난 것을 본 자들의 말을 믿지 아니함일러라"
(마가복음 16:11-14)

짧은 4구절에 3번이나 '믿지 아니하니라' 라고 기록하고 있다. 성경에 이런 상황은 여기가 유일합니다. 무엇을 믿지 않았다는 말씀입니까?

부활하신 예수님께서 무덤에 찾아온 막달라 마리아에게 나타나셨습니다. 마리아가 슬퍼하며 울고 있던 제자들에게 예수님께서 살아나셨다는 것을 말했지만 이를 믿지 않았습니다. 그 제자들 중 두명이 엠마오로 내려가고 있었습니다. 예루살렘에서 엠마오는 25리 정도됩니다. 이 거리를 가는 동안 이 두 제자는 예수님이 동행 하셨음에도 불구하고 부활하신 예수님을 알아보지 못했습니다. 예수님께서 떡을 떼고 축사 하실 때 그들의 눈이 밝아져 그분이 예수님이신 것을 알게 되었습니다. 주님의 부활을 알게된 두 제자가 예루살렘에 있는 다른 제자들에게 달려가서 자신들이 부활하신 예수님을 만난 사실을 알렸지만 그들 역시 믿지 않았습니다. 그만큼 부활은 믿기가 어려운 진리입니다. 왜 제자들은 믿지 못했을까요? 마리아의 말도 믿지 못하고 엠마오로 가던 두 제자의 말도 믿지 못했습니다. 부활하신 예수님께서 예루살렘의 제자들을 직접 찾아오셨을 때 '그들의 믿음 없음과 마음이 완악한 것'을 꾸짖으셨습니다. 3년 동안이나 예수님과 동고동락했던 제자들조차 예수님의 부활을 믿기가 어려웠던 것입니다.

이처럼 부활은 세상에서 가장 믿기 어려운 진리라고 생각합니다, 그러나 가장 중요한 진리(first importance: 고전 15:3 한글성경에는 "먼저"라고 번역해서 단순한 순서로 오해하기도 합니다)입니다.

오늘날에도 말로는 예수님의 부활을 믿는다고는 하지만 진짜 부활을 믿지 못하는 경우가 많습니다. 부활을 제대로 믿지 못하기 때문에 기독교가 일반 종교화되어 가고 있습니다.

예수님의 부활은 믿기 어려운 진리임에 분명합니다. 예수님과 3년 동안이나 동행했던 제자들조차 마리아와 다른 제자들의 증언을 믿지 못했고 자신들 앞에 직접 나타나신 주님을 보면서도 믿지 못했습니다. 누구보다도 예수님의 부활을 반겨야하고 믿어야하는 제자들이 막상 예수님의 부활에 대한 소식을 듣고도 왜 믿지 못했을까요? 부활은 이처럼 믿기 어려운 진리입니다. 예수님의 제자들마저 믿기 어려운 진리입니다. 그렇다면 제자들은 왜 예수님의 부활을 믿지 못했을까요?

다른 모양으로 나타나셨기 때문입니다. (12절) 마리아에게 나타나셨을 때, 엠마오로 가던 두 제자에게 나타나신 예수님은 부활 이전의 모습은 아니었을 것입니다. 부활하신 예수님의 모습은 죽기 전까지 샌달을 신고 갈릴리 주변을 다니시던 모습이 아닌 것은 분명합니다.

영으로 나타나셨다고 생각하는 사람들이 있지만 영으로 나타난 것도 아닙니다. 일부 자유주의 신학자들이 정신적인 부활을 이야기하기도 하지만 성경은 육체적인 부활을 증거합니다. 몸이 다시 살아나신 것입니다. 그런데 예수님의 부활은 죽음 이전의 육체와는 차원이 다른 부활체(부활의 몸:resurrection body) 를 입고 계셨습니다. 부활하신 예수님은 음식도 드셨습니다. 그리고 부활하신 예수님은 공간을 초월해 문을 잠그고 있는 제자들에게 나타나셨습니다. (요한복음 20:19,26)

공간을 초월한다는 것은 신비입니다. 부활하신 예수님을 우리가 단지 3차원적인 시각으로 보려고 하면 이해가 불가능한 신비입니다. 예수님께서 하나님의 보좌 우편에 계시지만 지금 우리 안에 들어오시기도 하십니다(고후13:5). 그런데 과학이 발달하면서 이런 신비가 조금은 벗겨지기도 합니다. 앞으로 양자 컴퓨터가 수년내에 나올 것이라고 합니다. 양자 컴퓨터는 일반 컴퓨터보다 1조배 빠르다고 합니다. 양자의 세계는 우리의 상상을 초월합니다. 양자통신의 비국소성 원리는 쪼개어진 입자를 각각 수천킬로미터 멀리 떨어진 두 지점에 두어도 양자정보를 순간 이동시킬 수 있습니다. 이런 원리라면 예수님은 천국에도 계시고 지금 이곳에서 나와도 함께 계실 수 있는 것입니다. 예수님은 양자도 창조하신 분이시며 부활의 몸은 양자보다 훨씬 더 뛰어날 것입니다.

우리가 지금 생각하기에 예수님과 함께 적어도 3년을 함께 동고동락했던 제자들이 부활하신 예수님을 몰라 보았다는 사실이 믿어지지 않지만 예수님의 부활 전후에 대한 우리의 편견도 자리하고 있는 것이 사실입니다.

첫째, 부활 전의 예수님의 모습에 대한 오해

부활 전의 예수님에 대하여 우리가 만들어낸 환상이 있습니다. 흰 옷을 입고 금발의 머리에서는 광채가 나는 모습은 중세의 미술가들이 만들어낸 예수님에 대한 환상입니다. 당시 목수는 나무를 재료로 가구를 만드는 일만 했던 것이 아니라 돌을 다듬는 석공이기도 했습니다. 예수님은 돌을 다듬으면서 손가락은 상하고 거칠어졌을 것입니다. 예수님의 이런 모습에 대하여 이사야 선지자가 묘사한 것이 있습니다.

> '그는 주 앞에서 자라나기를 연한 순 같고 마른 땅에서 나온 뿌리 같아서 고운 모양도 없고 풍채도 없은즉 우리가 보기에 흠모할 만한 아름다운 것이 없도다.'(이사야 53:2)

고운 모양도 없고 풍채도 없고 흠모할 만한 아름다운 것이라곤 볼 수 없는 모습이 예수님의 실제 모습이었습니다.

둘째, 부활 후의 예수님의 모습에 대한 오해

부활하신 예수님의 모습에 대한 오해가 있습니다. 부활 이전의 모습과 비슷하리라는 기대입니다. 그러나 부활하신 예수님은 전혀 다른 부활체를 입으셨음을 알 수 있습니다. 부활하신 예수님은 시, 공간을 초월하는 몸을 입으셨습니다.(요한복음 20:19,26) 전혀 다른 모습이었기에 엠마오로 가던 제자들이 알아보지 못했습니다.(누가복음 24:13-16, 33-40) 디베랴 바다에서 고기 잡던 제자들에게 나타나셨을 때에도 제자들은 예수님을 알아채지 못했습니다.(요한복음 21:1-14). 제자들은 흠모할 만한 것이라곤 없었던 샌달 신고 갈릴리 바다를 거니셨던 예수님만 생각했을 것입니다. 고운 모양도 없고 풍채도 없는 예수님.

2. 가장 중요한 진리(고전 15:1~4)

부활은 기독교 복음의 핵심입니다. 예수 그리스도의 죽으심(고전15:3)과 부활(고전15:4)은 어느 하나를 소홀히 할수 없는 양대 진리입니다. 십자가 없는 부활이 있을 수 없고 부활이 없는 십자가도 불가능합니다. 고난주간이면 특별 새벽기도회 행사 등으로 죽으심과 십자가를 강조합니다. 그렇지만 예수님의 부활에 대하여 지식적으로만 알뿐 실체를 모르는 사람들도 많이 있습니다.

초대교회 당시 예수님의 제자들이 증언을 한 것은 부활입니다. 부활을 증언할 사람을 지도자로 뽑았고(행1:22), 그들은 부활을 증언했고(행 3:15, 4:33), 부활을 가르치고 증언하다 잡혀 감옥에 가기도 했습니다. (행 4:1,2)

최근 중국 교회가 큰 박해 가운데 선교사들은 추방되고 중국인 지도자들은 체포되고 있습니다. 중국 교회는 크게 두 부류가 있지요. 정부에 신고를 하고 정부의 통제를 받는 삼자교회와 그렇지 않은 가정교회가 있습니다. 삼자교회와 가정교회의 가장 큰 차이 가운데 하나가 부활입니다. 삼자교회에서는 부활을 설교하지 않고 가정교회는 부활을 전합니다. 이처럼 부활은 복음의 핵심이며 가장 중요한 증거입니다.

3. 부활의 정의

부활은 단순하게 죽었다가 다시 살아나는 것이 아닙니다. 예수님이 죽은 자를 살리신 것이 3번입니다. 나인 성 과부의 아들, 야이로의 딸, 그리고 나사로입니다. 그들은 부활을 한 것이 아닙니다. 그들은 다시 죽었을 것입니다. 부활의 첫 열매는 예수님이십니다. 진짜 부활은 예수님처럼 다시는 죽지 않고 영생할 수 있는 몸으로 변화되는 것입니다.

도표로 본 예수님의 존재 이해

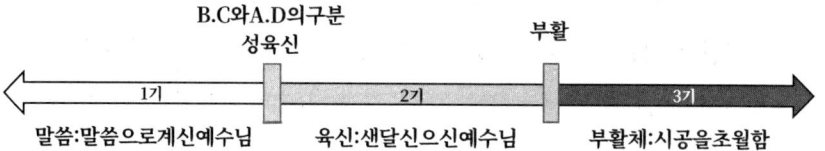

부활하신 예수님은 이제 각 사람 속에 계십니다. 엠마오로 가던 두 제자가 부활하신 예수님을 눈 앞에서 보면서도 이를 알아보지 못했던 것처럼 부활의 주님을 알아차리지 못하고 살아갑니다.

내 안에만 계신 것이 아니라 다른 사람 안에도 부활의 주님이 계시기에 그를 귀히 여겨야합니다.

4. 부활의 대상과 특징

예수님 당시에도 부활 자체를 믿지 않던 사람들이 있었습니다. 사두개인들입니다. 그들은 사후 세계 자체를 인정하지 않았습니다. 그들의 삶은 지극히 현실적일 수 밖에 없었고 현실과 타협했습니다. 반면 바리새인들은 부활의 세계를 믿었습니다. 그렇다고 바리새인들이 예수님으로부터 칭찬을 받은 것이 아니라 책망을 받았습니다. 부활을 믿는다고 진리안에 거하는 것은 아닙니다. 오늘날에도 부활을 믿기는 하지만 바리새인들처럼 주님으로부터 책망을 받는 이들이 있을 수 있습니다. 부활은 의인의 부활만 있는 것이 아닙니다.

> '악인도 부활하고 의인도 부활합니다.'(행24:15)
> '무덤 속에 있는 모든 자들이 주님의 음성을 들을 때가 올 것입니다.'(요한복음 5:28)

그러나 모든 사람의 부활이 동일한 것은 아닙니다. 생명의 부활이 있고 사망의 부활이 있습니다.(고린도전서 15:42-44). 생명의 부활은 영원한 생명에 이르는 길이요 심판의 부활은 영원한 형벌에 이르는 심판입니다. 변화된 생명의 부활체의 특징은 아래와 같을 것입니다.

(1) 썩지 않는다(고전 15:42-44, 54; 빌 3:21; 요일 3:2).
(2) 그리스도와 같이 영광스런 형체로 변화한다(고전 15:43; 빌 3:21).
(3) 신령한 몸이다(고전 15:44).
(4) 변화한다(고전 15:51).

(5) 결혼하지 않고 하늘에 있는 천사와 같을 것이다(마 22:30; 눅 20:36).

(6) 시공간의 제약을 받지 않는다(요 20:19-26).

(7) 사망에 매여 있지 않는다 (행 2:24).

(8) 하늘에 속한 자의 형상을 입는다(고전 15:49).

(9) 다시 사망이 없고 애통하는 것이나 곡하는 것이나 아픈 것이 없다 (눅 20:36; 계 21:4).

5. 부활의 소망

바울은 고린도교회의 교인들에게 생명의 부활을 언급하며 이 부활도 영광이 다름을 지적합니다.

> '하늘에 속한 형체도 있고 땅에 속한 형체도 있으나 하늘에 속한 것의 영광이 따로 있고 땅에 속한 것의 영광이 따로 있으니 해의 영광이 다르고 달의 영광이 다르며 별의 영광이 다른데 별과 별의 영광이 다르도다. 죽은 자의 부활도 그와 같으니 썩을 것으로 심고 썩지 아니할 것으로 다시 살며…'(고린도전서 15:40-42)

부활은 죽었다가 다시 회생하는 것이 아닙니다. 신령한 몸으로 다시 살아나는 것입니다. 믿어지지 않을 만큼 신령한 다른 모양일 것입니다. 신약이 기록되던 초대교회 시대에는 예수를 주로 고백한다는 것은 목숨을 내어놓는 고난과 핍박이 있었습니다. 그럼에도 더 좋은 부활의 영광으로(히11:35) 갚아 주실 것이라는 부활 신앙이 있었기에 그리스도와 함께 고난 당하는 것을 기쁘게 여겼습니다. 부활 신앙은 더 좋은 부활을 사모하며 이 땅에서 선한 일에 열심을 내는 삶을 살게 됩니다.

'또 어떤 이들은 더 좋은 부활을 얻고자 하여 심한 고문을 받되 구차히 풀려나기를 원하지 아니하였으며' *(히브리서 11:35)*

구원 (Evangelism)

아들 됨 (SONSHIP)

하나님이 이르시되 우리의 형상을 따라 우리의 모양대로 우리가 사람을 만들고 그들로 바다의 물고기와 하늘의 새와 가축과 온 땅과 땅에 기는 모든 것을 다스리게 하자 하시고 하나님이 자기 형상대로 사람을 창조하시되 남자와 여자를 창조하시고….
(창세기 1:26, 27)

'하나님이 사람을 왜 만드셨을까?'
'인간의 궁극적인 존재 의미는 무엇인가?'

많은 사람들이 궁금증을 가지고 있는 질문입니다. 이 질문처럼 우리를 만드신 하나님의 창조 목적을 아는 것은 매우 중요합니다. 이는 하나님이 사람을 만드신 목적(뜻)에 따라 우리의 삶의 방향이 결정되어지기 때문입니다. '아들 됨'이라는 주제의 강의는 제자선교회에서 80년대 초반 전체 수련회 저녁 집회에서 했던 것입니다. 이 후 주제별 선택식 강의에서 빠진 적이 없는 인기 강의로 자리 잡았습니다. 이 후 제자선교회가 성경공부 교재를 편찬할 때에도 한 과를 차지할만큼 비중있는 주제가 되었습니다.

목회를 하시는 목사님들께서 교회에서도 이 강의를 특강이나 성경 공부의 주제로 많이 사용하셨는데 이 주제의 탁월함을 격찬하곤 했습니다. 복음을 증거할 때 매우 유용하고 삶을 변화시키는 영적 파워가 느껴진다고 하시는 분들도 계셨습니다. 아들 됨은 나의 정체성을 깨닫게 해 주고 자존감을 일깨워주는 주제이기 때문이라고 봅니다.

1. 하나님의 형상(形象 Image of God)으로 지으심

창세기의 초반에 하나님께서 세상을 창조하시고 우리 인간을 만드신 장면이 설명되어 있습니다. 인간의 창조 과정은 단순하게 사실적인 설명이 아니라 인간의 고귀함과 가치를 보여주는 기록입니다. 창조론과 달리 진화론의 문제는 인간의 존엄함을 보여주지 못하는 이론이라는 점입니다. 인간의 기원이 원숭이, 거기에서 더 나아가 미생물에서 출발한 것이라면 거기에서 도대체 인간의 존귀함을 어떻게 찾을 수 있다는 말입니까?

성경은 하나님께서 '우리의 형상을 따라 우리의 모양대로 우리가 사람을 만들고'라고 기록합니다. 우리의 형상(in our image), 우리의 모양(in our likeness)은 사실 같은 의미입니다. 같은 말을 두번 설명하는 핸다이즘으로 '즉'의 의미라고 할 수 있습니다.

굳이 형상과 모양의 의미를 구분하자면 영어의 도움을 받아 다음과 같이 설명할 수 있습니다.

※ image = character, personality (성품, 인격)
　　-> 성품의 측면(사랑, 긍휼 등)
　likeness = function like (기능적인 면)
　　-> 전능의 측면

아담이 모든 사물의 이름을 중복되지 않게 지었고 이를 모두 기억하였다면 아담이 얼마나 창조적이고 기억력이 좋았는지 알 수 있습니다. 이것은 기능적인 면이라고 할 수 있겠지요.

2. 하나님의 아들(Sonship)로 만드심

사람이 하나님의 형상으로 지음을 받았다는 것은 사람이 어떤 존재로 창조되었는가를 보여줍니다. 그렇다면 형상(形象)이라는 용어가 성경의 다른 곳에서 '어떤 관계'에서 사용되는가 살펴볼 필요가 있습니다. 하나님과 사람의 관계를 짐작할 수 있기 때문입니다. 형상이라는 단어가 창세기 5장에 등장하는데 아담의 모양, 곧 자기의 형상과 같은 존재가 아담의 아들 셋이라고 설명합니다.

　'아담은 자기의 모양 곧 자기의 형상과 같은 아들을 낳아' (창5:3)

형상(image)은 히브리어로 "찰렘"인데 닮았다는 의미로 부자관계에서만(father-son) 쓰입니다. 우리 사람이 하나님의 형상으로 창조되었다는 것은 사람과 하나님의 관계가 부자 관계라는 말입니다. 형상(image)의 의미를 그저 닮았다라고 설명한다면 그 의미가 대폭 축소되고 변천된 것입니다.

당신은 누구의 형상입니까? 당신 아버지의 형상입니다.
당신의 형상이 누구입니까? 당신의 자녀가 당신의 형상입니다.
이처럼 사람이 하나님의 형상으로 창조되었다는 것은 하나님을 닮은, 하나님의 자녀로 창조되었음을 보여줍니다. 하나님께서 우리 사람을 창조하신 목적은 에덴 동산을 관리할 존재가 필요해서 일꾼으로 창조한 것이 아닙니다. 자신과 모든 것을 공유할 자녀로 창조하신 것입니다.

3. 아버지 되신 하나님

우리나라의 역사를 보면 고려 시대에는 노비의 비율이 10%를 넘지 않았지만 조선 시대에는 40%를 넘었다고 합니다. 조선 시대에 이렇게 노비가 증가한 것은 세종 시대에 실시한 노비종모법 때문입니다. 부모 중 한 사람이라도 노비였으면 자식은 노비가 되는 법이었습니다. 노예 신분으로부터 벗어날 수 있는 기회를 박탈되고 노예의 수는 증갈할 수밖에 없었습니다.

일제 강점기에 일본이 조선의 효율적인 관리를 위해 호적을 작성했는데 성을 가지지 않은 사람이 성을 가진 사람보다 많았다고 합니다. 노예들은 성을 갖지 않았던것으로 보입니다. 이 때 자신의 성을 정할 때 주인의 성을 택하는 경우도 많았습니다. 성을 가지지 못한 사람들에게 족보가 있었을리가 없습니다. 상당히 많은 집안의 경우 제대로 된 족보가 아니라 돈을 주고 족보를 만들었을 것입니다. 조상 대대로 족보를 관리해 온 양반집 후손이라 하더라도 그 족보가 완전무결한 것은 아닙니다.

저는 진주 강 씨 집안입니다. 24대 손인데 시조가 강 이식 장군이라는 분입니다. 고려 시대 분인데 그 이상은 잘 모릅니다. 하늘에서 내려오지 않은 이상 그 위가 있을텐데 말이지요.

성경에도 족보 이야기가 많이 나옵니다.

창세기 5장에는 아담의 족보가 기록되어 있습니다. 창세기 10장에는 노아의 족보가 나옵니다. 창세기 11장에는 데라의 족보, 창세기 36장에는 에서의 족보도 기록되어 있습니다. 신약 성경인 마태복음 1장과 누가복음 3장에도 예수님의 족보를 기록하고 있습니다.

유대인들을 독자로 설정한 마태복음은 족보의 설명에서 당연히 유대인들을 염두에 둡니다.

'아브라함과 다윗의 자손 예수 그리스도의 계보라'(마태복음 1:1)

아브라함과 다윗은 유대인들에게 대표적인 조상들입니다. 아브라함은 민족의 시조라 할 수 있고 다윗은 이스라엘이라고 하는 왕정 시대의 문을 연 민족의 영광입니다.

반면 이방인들을 향해 기록되어진 누가복음 3장의 족보 이야기에서 아브라함과 다윗은 그다지 중요한 사람들이 아닙니다. 수 많은 조상들 가운데 한 명에 불과합니다. 누가복음의 족보에서 강조하고자 하는 것은 아브라함이나 다윗이 아닌 인류 조상의 맨 꼭대기에 계신 분이 누구신가입니다.

> '그 위는 에노스요 그 위는 셋이요 그 위는 아담이요 그 위는 하나님이시니라'(누가복음 3:38)

누가복음의 저자인 누가는 독자인 이방인들에게 예수님의 최상위 조상이 아담 위의 하나님이라고 강조하고 싶었던 것입니다. 우리 역시 김씨, 이씨, 박씨 성을 불문하고 조상의 최고점에는 하나님이 계신 것입니다.

한국 사회에서 기독교에 대한 오해 중의 하나가 제사입니다. 제사를 지내는 것을 우상숭배로 보고 금하니까 조상도 몰라보는 기독교라고 공박합니다. 제사 문제 때문에 복음 전도에 큰 장애가 되는 것도 사실입니다. 과연 유교보다 기독교가 조상을 섬기지 않는 불경스런 종교일까요? 유교에서는 4대 봉사라 하여 4대조(부, 조부, 증조부, 고조부)까지 제사를 지내는 것이 기본입니다. 그 이상이 되면 신위를 사당으로 옮겨 땅에 묻고 더 이상 제사를 지내지 않습니다. 기독교는 4대조까지의 제사를 지내지 않을 뿐 가장 위에 계신 분에게 제사를 지내지 않습니까? 1년에 한 차례 기일에만 제사를 지내는 것도 아니고 매주 드립니다. 만약 제사를 문제로 교회를 다니지 못하겠다고 하면 우린 매주 맨 위의 조상에게 제사를 지낸다고 하십시오.

4. 하나님 아버지와의 관계 – 우리의 정체성(identity)

우리가 하나님의 형상으로 창조되었다는 것, 하나님께서 우리 최초의 조상이 되신다는 것은 우리의 정체성과 자존감을 일깨워줍니다. 부모뿐만 아니라 수십대 조상이 벼슬을 했다는 사실만으로도 자랑스러워하고 기록으로 남기지 않습니까? 우리 맨 위의 조상이 하나님이시라니 날마다 자녀들에게 기억시켜야할 자부심이 아닌가요?

1) 우리 아버지이심

우리가 하나님의 형상으로 창조되었다는 것은 우리의 존재감을 보여주기도 하지만 우리와 하나님의 관계를 설명해 주기도합니다. 예수님께서는 제자들에게 기도를 가르치시며 하나님을 '하늘에 계신 아버지'라 부르라고 하셨습니다.

'하늘에 계신 우리 아버지여'(마태복음 6:9)

이사야 선지자도 여호와 하나님을 '우리 아버지'라고 불렀습니다.

'주는 우리 아버지시라 아브라함은 우리를 모르고 이스라엘은 우리를 인정하지 아니할지라도 여호와여, 주는 우리의 아버지시라'(이사야 63:16)

'그러나 여호와여, 이제 주는 우리 아버지시니이다'(이사야 64:8)

예수님께서 바리새인과 사두개인들을 비판하시며 말씀하셨습니다.

'땅에 있는 자를 아버지라 하지 말라. 너희의 아버지는 한 분이시니 곧 하늘에 계신 이시니라'(마23:9)

육신의 아버지를 무시하고 이제부터 아버지로 대하지말라는 것이 아니라 하늘의 하나님을 아버지로 인정하지 않고 살아가는 바리새인과 사두개인에 대한 강한 비판이었습니다.

바리새인들은 율법을 지키는 행위에 열심을 내는 종교인들입니다. 예수님께서 예루살렘에서 소경의 눈을 뜨게하시고 38년동안 앉은뱅이로 살아가던 병자를 치유하셨지만 이를 문제 삼고 예수님을 적대시했습니다. 안식일에 소경의 눈을 뜨게하고 앉은뱅이가 침상을 지고 걸어가는 것이 안식일을 범한 것이라고 하며 예수님을 죽이려고 작정을 했습니다. 그들에게는 하나님이 두려움의 대상이었지 아버지가 아니었습니다.

하나님을 아버지라 부르는 것은 하나님과 나의 관계를 설정해주는 상징입니다. 하나님을 아버지라 부르는 것이 축복입니까? 아니면 부담입니까? 이 세상을 지으신 분이 나의 아버지라는 진실이 자랑스럽고 자랑하고 싶고 증거하고 싶지 않으십니까?

2) 아들 삼으심

하나님께서 우리를 아들의 존재로 창조하셨습니다. 성경의 첫번째 책인 창세기에서 이를 기록하고 있는 것은 우리 사람이 얼마나 존귀한 존재인지를 보여주기 위함입니다. 6일 동안 천하만물을 창조하시고 맨 나중에 사람을 창조하셨습니다. 이 모든 환경을 조성하시고 흙으로 사람을 지으셨습니다. 에덴 동산을 관리하는 관리인으로 사람을 지으신 것이 아니라 사람을 위해 에덴 동산을 조성해 놓으신 것입니다.

천지창조의 주인공은 바로 사람입니다. 하나님의 형상, 하나님의 아들로 창조된 우리 사람을 위해 천지를 창조하셨습니다.

그러나 하나님과 사람의 관계에 변화를 가져다 준 중대한 사건이 일어났습니다. 우리가 원죄라고 부르는 아담과 하와의 불순종은 자신의 벌거벗었음을 부끄럽게 여기는 정도가 아니라 하나님과의 관계에도 영향을 미쳤습니다. 아담과 하와는 하나님의 낯을 피하여 동산 나무 사이에 숨었고 결국 하나님은 그들을 에덴 동산으로부터 내어 쫓았습니다. 하나님의 낯을 피했고 결국 하나님과의 관계는 단절되었습니다.

여기에서 하나님의 사랑이 드러납니다. 부모의 심정, 끝없이 자신의 모든 것을 내어주는 부모님의 사랑이라고 할까요? 세상의 모든 사람들이 비난하고 비판하는 한 살인자의 어머니가 방송국 기자와 인터뷰를 할 때 이렇게 대답하는 것을 들은 적이 있습니다.
"제 아들이 어렸을 때는 그렇게까지 나쁜 애가 아니었습니다"

누가 어떤 비난을 퍼붓더라도 아들을 감싸고 싶은 어머니의 심정 아닐까요? 아담과 하와가 하나님의 말씀에 불순종하는 죄를 범했지만 하나님은 그들에 대한 사랑의 마음을 놓지 않으십니다. 그들의 관계에 금을 긋게 한 죄의 문제를 해결하고 다시금 아버지와 아들의 관계를 회복할 기회를 주셨습니다.

바울은 에베소 교인들에게 말씀하십니다.

> 하나님께서 우리를 예정하사 예수 그리스도로 말미암아 자기의 아들들이 되게 하셨다 *(에베소서 1:5)*

갈라디아 교인들에게는 다음과 같이 말씀하십니다.

> 너희가 아들이므로 하나님이 그 아들의 영을 우리 마음 가운데 보내사 아빠 아버지라 부르게 하셨다 *(갈라디아서 4:6)*

예수님께서 이 세상에 오신 가장 큰 목적은 하나님과 우리의 관계를 이전의 관계로 회복시키기 위함입니다. 관계 회복에 가장 큰 걸림돌이 되는 죄의 문제를 해결하기 위해 예수님께서 십자가에서 죽으신 것입니다. 하나님께서는 우리 사람이 범죄했을 때 우리를 포기하지 않으셨습니다. 사람의 창조를 실패로 규정하고 새로운 사람을 창조하는 새로운 길을 택하지 않았습니다. 그렸던 그림을 지우개로 지우고 그림을 그리듯 다시 새판을 짜지 않으셨습니다.

5. 아들 됨(Sonship)

요한은 우리가 예수 그리스도를 믿게 될 때 하나님의 자녀가 되는 권세를 갖게 된다고 말합니다.(요한복음 1:12) 내가 하나님의 아들로 회복되었다는 이 신분 변화의 각성은 자연스럽게 우리의 삶에 많은 변화를 가져다 줍니다.

1) 정체성의 변화와 자존감

하나님을 아버지로 확신하게 되면 가장 큰 변화는 정체성과 자존감의 변화입니다.

당신이 만약 예수 그리스도를 믿는다면 당신은 누구입니까? 하나님의 아들입니다. 하나님의 아들이라면 하나님의 권세를 갖게 됩니다. 이보다 더 큰 자존감이 어디 있겠습니까? 나를 사랑하셔서 예수 그리스도를 이 땅에 보내셔서 내가 안고 있었던 죄의 문제를 해결해 주셨다니 하나님의 사랑이 얼마나 큰 지, 내가 얼마나 존귀한 존재인지 알 수 있습니다. 더 이상 나를 보잘 것 없는 사람으로 비하하지 마십시오.

나는 하나님의 형상으로 지음받은 하나님의 아들입니다. 자녀로서의 신분을 회복시키기 위해 예수님을 십자가에 죽이는 댓가를 지불하셨습니다. 결코 값싼 지불이 아닙니다. 더 이상 고개를 숙이고 살지말고 하늘을 보며 신적 권위를 갖고 사시기 바랍니다.

2) 기도

하나님이 아버지됨을 확신하게 된다면 기도 생활도 달라집니다. 기도는 내 정성과 간절함으로 이루어지는 것이 아닙니다. 하나님의 아들로서 아버지되신 분에게 당당하게 요청하는 것입니다. 그래서 예수님께서는 제자들에게 기도에 대해 가르치시면서 가장 먼저 '하늘에 계신 아버지'라고 부르라고 하셨습니다. 기도하면서 이 기도가 이루어지지 않을까 염려할 필요도 없습니다. 기도하면서 염려한다면 아버지되시는 분을 신뢰하지 못하는 자녀답지 못한 태도입니다.

3) 사죄의 확신

하나님께서 나의 아버지되심을 확신하게 된다면 더 이상 죄의 문제로 고민하지 않습니다. 사죄의 확신을 갖지 못하는 이유는 하나님을 아버지로 확신하지 못하고 무서운 심판자로 생각하기 때문입니다. 아들을 용서하지 않는 아버지가 있을까요? 하나님이 나의 아버지 되심을 확신한다면 '내 죄가 정말 용서된 것일까? 하나님께서 정말 나의 죄를 기억지 않으실까?' 의심 하지 않습니다.

4) 천국의 소망

하나님을 아버지로 확신하게 되면 천국에 소망을 두고 능력있는 삶을 살게 됩니다. 아들이 아버지의 집에 가게되는 것이 자연스러운 일 아닌가요? 과연 천국에 가게 될 것인가에 대한 확신이 없는 분들이 의외로 많습니다. 교회를 오래 다니시면서 권사 직분까지 받으신 분인데 편찮으셔서 병원 심방에 가서 질문했던 적이 있습니다.
"권사님. 지금 죽어도 천국갈 확신 있으시지요?"
"아유! 가 봐야 알지요"

겸손 때문이라고 생각하지만 이처럼 의외로 천국에 가게 될 것이라는 확신이 없는 분들이 의외로 많습니다. 천국에 갈 수 있다는 확신은 구원의 조건이 아니라 고난을 이겨내는 삶을 살 수 있게 하는 능력입니다. 천국에 대한 소망은 우리가 능력있는 삶을 살 수 있도록 인도합니다.

기독교인들이 극심한 박해를 받았던 초대 교회에 믿음의 사람들이 그 극심한 고난을 이길 수 있었던 것은 부활과 천국에 대한 소망이 있었기 때문입니다. 사자의 밥이 되며 십자가에 달리면서도 자신의 믿음을 지켜낼 수 있었던 것은 부활과 천국에 대한 소망과 하나님이 나의 아버지가 되신다는 믿음 때문이었습니다.

구원 (Evangelism)

영적 세계
창 1:1~13

사람은 자신이 원하든 원하지 않든 나름대로의 세계관을 가지고 있으며 세계관대로 행동합니다. 아프리카의 마사이족이 소풍을 가다가 다른 부족의 소를 보고 빼앗아 왔다고 합니다. 그 이유는 신이 모든 소를 자기 부족에게 주었다는 세계관을 가지고 있기 때문입니다. 세계관을 바꿔주지 않으면 사람이 바뀌지 않습니다. 따라서 아이들에게 성경 공부를 가르치기 전에 세계관을 바꿔줘야 합니다.

성경은 창조-타락-구속이라는 세계관을 보여줍니다. 하나님이 창조하신 우주 세계에는 오감으로 경험할 수 없는 놀랍고 비밀스러운 또 다른 세계가 존재합니다. 성경은 자연 세계 뿐만 아니라 영적 세계가 있다는 것을 분명하게 가르쳐 주고 있습니다. 자연 세계와 영적 세계를 어떻게 인식하며 이해하느냐에 따라서 삶에 대한 시각(세계관)에 많은 차이를 가져오게 됩니다. 하나님께서 직접 창조하신 영적 세계와 자연세계에 관한 그리스도인의 세계관을 더욱 확고하게 함으로써 예수 그리스도와 더욱 친밀해지며, 세상(육신의 정욕, 안목의 정욕, 이생의 자랑)으로부터 자유롭게 되는 계기가 되시기를 소망합니다.

1. 자연세계

자연 세계가 있습니다. 하늘과 땅, 바다 그리고 태양과 달과 별들도 있습니다. 자연세계는 어떻게 시작되었을까요? 하나님께서 자연 세계를 창조하신 후 육지에는 동물, 바다에는 물고기, 하늘에는 각종 새들로 채우셨습니다. (창세기 1장)

창세기는 하나님께서 이 세상, 곧 자연 세계를 창조하신 과정을 설명하고 있습니다.

 첫 째 날 - 빛 (빛과 어둠을 나눔)
 둘 째 날 - 궁창 (궁창 위의 물과 아래의 물로 나눔)
 셋 째 날 - 천하의 물을 모으고 뭍이 드러나라 하심 (땅과 바다).
      풀과 씨 맺는 채소와 열매 맺는 나무.
 넷 째 날 - 궁창의 해, 달, 별.
 다섯째날 - 새와 바다의 짐승과 생물.
 여섯째날 - 땅의 생물과 가축, 짐승. 사람
 일곱째날 - 안식하심

창세기 1장에서 6일 동안의 천지창조를 기록하고 있다면 2장에서는 7일째 하나님께서 안식하신 것과 6일째 하셨던 사람 창조의 내용을 보다 구체적으로 설명하고 있습니다. 천지창조의 목적이 사람을 위한 것이기에 사람을 창조하신 목적과 과정, 사람들에게 부여하신 명령, 그리고 아담의 아내인 하와의 창조 모습을 확대 설명한다고 볼 수 있습니다.

창세기는 천지창조의 주인공이 하나님이심을 증명하고자 기록된 책은 아닙니다. 과학적인 타당성을 내세워 창조론을 주장하고자 하는 것도 아닙니다. 창세기를 기록한 모세 시대는 진화론과 창조론의 대립이 있던 시대도 아닙니다. 창세기를 통해 우리는 하나님께서 이 세상을 창조하셨다는 것을 믿음의 눈으로 바라 볼 뿐입니다.

창조론을 믿는 과학자들에 의해 창세기에 기록된 몇 가지 사실들이 허구가 아니라 과학적 사실이라는 주장이 제기되고 있기는 합니다. 예를들어 노아 홍수 이후에 인간의 수명이 700세 정도에서 100세 정도로 급격하게 감소하게 되지요. 그 이유를 창조론 과학자들은 노아 홍수시에 윗물이 거의 쏟아져 버리는 바람에 사람이 수명이 단축되었다고 봅니다. 이전에는 윗물이 사람에게 해로운 자외선을 걸러주는 차단막 역할을 했는데 이것이 사라지면서 인간의 수명이 급격하게 단축되었다는 해석입니다. 현재는 물 대신 오존이 그 역할을 했는데 프레온 가스로 이 오존층이 파괴되면서 생태계의 변화를 초래하고 암 발생률이 극격하게 증가했다는 사실은 알고 계실 것입니다.

그러나 창세기는 하나님의 창조 과정을 과학적으로 설명하고 증명하기 위해 기록한 책은 아닙니다. 이 자연 세계의 창조주가 하나님이라는 전제를 이야기하는 책이 창세기입니다.

2. 영적 세계

우리 눈에 보이는 자연세계가 이 세상의 전부는 아닙니다. 눈에는 보이지 않지만 분명히 존재하는 영적인 존재도 있습니다. 천사와 사단, 귀신은 영적인 존재입니다. 물론 이 존재를 부인하는 사람들이 있습니다. 예수님 시대에도 그런 사람들이 있었습니다. 사두개인들입니다. 그들은 천사도, 부활도 믿지 않았습니다.

> '부활이 없다하는 사두개인들이 그 날 예수께 와서 물어 이르되'
> (마22:23)
>
> '이는 사두개인은 부활도 없고 천사도 없고 영도 없다하고 바리새인은 다 있다 함이라' (사도행전 23:8)

사두개인들은 영적인 세계를 믿지 않았습니다. 오늘날로 보자면 유물론자들입니다. 공산주의 사상의 토대는 유물론입니다. 이같은 유물론자들의 특징이 있습니다. 인간의 존엄성과 가치에 대해 그다지 중요하게 여기지 않습니다. 인간도 결국 죽으면 모든 것이 끝나는 한 물질에 불과합니다. 공산 혁명을 위해 수천만명의 생명이 희생을 당해도 문제 의식을 느끼지 못합니다. 하나님의 형상으로 창조된 사람, 그 안에 영원한 생명이 되는 영혼이 존재한다고 의식하지 못하기 때문입니다.

그렇다고 영적인 세계를 인정했던 바리새인들이 예수님으로부터 칭찬받은 것도 아닙니다. 사두개인들과 마찬가지로 바리새인들 역시 예수님으로부터 책망을 받았습니다.

> '바리새인과 사두개인들의 누룩을 주의하라'(마태복음 16:6)

영적인 존재를 인정하는 것이 중요한 것이 아닙니다. 영적인 존재는 무당들도 인정을 합니다. 무당들도 귀신의 힘을 입어 예언을 하고 병을 고칩니다. 바울이 빌립보를 방문했을 때 점차는 귀신들린 여종 하나를 만납니다. 이 귀신들린 여종은 바울과 그 일행을 보며 외칩니다.

> '이 사람들은 지극히 높은 하나님의 종으로서 구원의 길을 너희에게 전하는 자라' (사도행전 16:16)

귀신들도 사람을 알아보고 진리가 무엇인지 압니다. 단순하게 영적인 존재를 알고 인정하는 것이 중요한 것은 아닙니다. 바리새인들도 영적인 존재와 세계를 인정했습니다. 그러나 바리새인들은 누구보다도 예수님으로부터 책망을 받았습니다.

3. 사람 (육 : 자연세계, 영 : 영적세계)

하나님께서 창조하신 생명체 가운데 사람은 매우 독특한 존재입니다.

첫째, 하나님의 형상으로 창조되었습니다. 하나님의 형상으로 창조된 의미는 '4장. 아들 됨'에서 설명한 바 있습니다.

둘째, 사람은 자연세계와 영적세계에 둘 다 포함되는 유일한 존재입니다. 일종의 교집합이라고 할 수 있습니다.

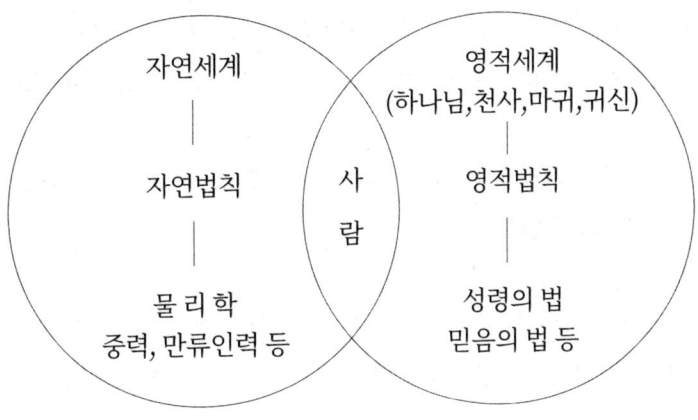

하나님이 사람을 흙으로 만드시고 생기(하나님의 생명의 기운)를 불어넣으니 생명체가 되었습니다.(창세기 2:7) (생기: 히브리어 네페쉬 하야=생명체/living being) 사람은 흙과 성분이 똑같다고 합니다. 그래서인지 사람은 흙과 친밀합니다. 어린 시절 다쳐서 상처가 나면 어른들은 흙을 발라 주었습니다. 흙집에 사는 것이 몸에 좋고 성인병도 예방이 된다 하여 요즘은 흙집을 매우 좋아합니다. 그러나 우리 사람의 존재는 육체가 전부가 아니라 영이 있음도 잊어서는 안됩니다.

우리 사람의 구성에 대하여 신학적으로 논쟁이 있는 것은 사실입니다. 육체와 영혼으로 구성되었다고 이분설을 주장하는 학자들이 있는가 하면 육체와 영, 그리고 혼으로 구성되었다고 삼분설을 주장하는 학자들이 있습니다. 이 두 견해는 너무나 오랫동안 일치를 보지 못한 주장입니다. 그렇지만 이 두 견해에서 공통적인 것은 분명합니다.

사람이 육체만으로 구성된 존재는 아니라는 것입니다. 영과 혼이든 영혼이든 물질적인 요소가 아닌 영적인 요소가 분명히 존재한다는 점입니다.

　'사람이 떡으로만 살 것이 아니요 하나님의 입으로 나오는 말씀으로 살 것이라'(마태복음 4:4)

예수님께서 말씀하셨습니다. 사람이 떡으로만 사는 단지 육체적 존재가 아니라 하나님의 말씀이 필요한 영적인 존재이기도 하다는 말씀입니다. 육체뿐만 아니라 자신의 영을 잘 가꾸고 돌보는 사람이 온전한 사람입니다. 자연세계와 영적세계를 조화롭게 살아가는 것이 지혜입니다.

사람이 영적인 존재라고 해서 육체를 소홀히 해서는 안됩니다. 영적인 것만 중요하다고 강조한다면 극단적입니다. 초대교회 시절에 복음을 왜곡했던 가장 대표적인 이단이 영지주의자들입니다. 영적인 면만 강조하고 육체는 심지어 학대했습니다. 바울도 고린도 교인들을 향하여 이 점을 강조하고 지적합니다.

　'너희가 하나님의 성전인 것과 하나님의 성령이 너희 안에 거하시는 줄을 알지못하느뇨'(고린도전서 3:16)

추측컨대 고린도교회 안에 영적인 면만 강조하고 육체의 거룩함을 소홀히 하던 사람들이 있었던 것으로 보입니다.

사람은 자연세계에 속한 존재일 뿐만 아니라 영적인 존재입니다. 영과 육은 둘 다 중요합니다. 어느 한쪽을 무시해서는 안 됩니다. 사람은 자연세계를 잘 이해하고 따를 때 성공적인 인생을 살 수 있습니다. 마찬가지로 영적세계를 알고 영적인 원리를 따라 살아갈 때 비로소 영과 육이 강건한 삶을 살 수 있습니다.

양육 (FOLLOW UP)

6. 성령의 능력으로

7. 제자 훈련

8. 제자 훈련의 중요성과 방향

양육 (Follow up)

성령의 능력으로
[요 1:1~12]

제가 지금 이사장으로 섬기고 있는 제자선교회(D.C.F Disciple of Christ Fellowship)는 모임이 시작된 1980년 초기부터 두 가지 중요한 사역의 방향성을 갖고 있었습니다.

첫째, 교회 안에서 교회와 더불어 사역함으로써 지역 교회를 섬기고 세워나가는데 힘썼습니다. 지역교회와 선교회가 충돌한다면 교회에 우선권을 두고 교회를 섬기도록 했습니다. 그래서 모임의 이름도 초기에는 D.T.C.F (Disciple Training in Church Fellowship)라 칭했습니다. 당시에는 제자훈련이라는 개념이 교회 안에서 지금처럼 알려진 때가 아니라서 교회와 갈등이 일어나는 경우가 종종 있었지만 지역 교회를 우선 순위에 두고 교회를 섬김으로 잘 극복할 수 있었습니다.

둘째, 제자를 삼는 과정에서 성령님의 도우심을 받는 것이 매우 중요함을 강조했습니다. 성령께서 일하시는 것을 제한하지 않았고 선교회의 슬로건을 '성령의 능력으로 제자를 삼으라'고 할 정도였습니다.

제자 훈련을 진행하면서는 물론이고 겨울과 여름방학 기간 동안 열었던 수련회에서도 성경을 공부하는 말씀 사역과 축호 전도를 하고, 병든 자를 위한 기도, 방언 기도, 귀신을 쫓아내는 일(마가 16:15-18)들을 성령의 능력으로 감당했습니다. 감사한 것은 이처럼 성령께서 하시는 은사들이 강력하게 드러남에도 불구하고 현상에 매몰되거나 은사에 치우치지 않고 "말씀과 성령"의 균형을 잃지않고 성령님을 더 깊이 알아가고 경험할 수 있었다는 사실입니다.

그럼 성령님에 대하여 간략하게 성령님은 누구시고 어떤 일을 하시는 분이신지 살펴보도록 하겠습니다.

1. 성령을 받으라

부활하신 예수님께서 제자들에게 찾아오셔서 하신 말씀이 세가지입니다.(요한복음 20:19-23)

1) 평강이 있을지어다.(19절)
2) 너희를 보내노라. (21절)
3) 성령을 받으라. (22절)

이 세 가지 가운데 이해가 좀 어려운 내용이 있습니다. 예수님께서는 숨을 내쉬며 <성령을 받으라>하셨습니다.

> "여호와 하나님이 흙으로 사람을 지으시고 생기를 그 코에 불어 넣으시니 사람이 생령이 된지라" (창세기 2:7)

> "너는 생기를 향하여 대언하라 생기를 대언하여 이르기를 주 여호와의 말씀에 생기야 사방에서부터 와서 이 사망을 당한 자에게 불어서 살게하라 하셨다 하라" (에스겔 37: 9)

숨을 내쉬었다'는 것은 위의 절 <불어넣는다>는 단어와 동일하게 사용되고 있습니다.

 그렇다면 예수님께서 숨을 내쉬며 이 말씀을 하시는 순간 즉각적으로 제자들이 성령을 받았는가요? 예수님께서 이 말씀을 하셨지만 성령님이 즉각적으로 제자들에게 임한 것은 아닙니다. 예수님께서 승천하시기 직전에 또 다시 성령님에 대하여 언급하십니다.

> "요한은 물로 세례를 베풀었으나 너희는 몇 날이 못 되어 성령으로 세례를 받으리라"(행1:5)

2. 왜 성령님이신가?

예수님께서 성령님에 대하여 언급하신 것이 처음이 아닙니다. 예수님께서는 이미 오래전부터 성령님에 대하여 말씀하시고 성령님이 우리의 삶에 관여하실 것을 말씀하셨습니다. 그런데 부활하신 예수님께서는 왜 제자들에게 성령을 받으라고 하실까요? 그만큼 성령을 받는 이 문제는 제자들에게 중요하고 시급한 문제이기 때문입니다. 이것은 오늘의 우리도 마찬가지입니다. 성령을 받아야 합니다. 성령을 받고 성령님의 도움을 받고 성령님의 인도를 받는 삶을 살아야합니다. 바울은 로마서에서 심지어 '하나님의 영으로 인도함을 받는 사람이 하나님의 자녀'(롬8:14)라고까지 했습니다. 성령의 인도를 받아야함을 강조한 것입니다.

명절을 맞아 예루살렘에 올라가셨던 예수님께서는 명절 끝날 이렇게 외치셨습니다.

"나를 믿는 자는 성경에 이름과 같이 그 배에서 생수의 강이 흘러 나리라"(요7:38)

복음서의 저자는 예수님께서 말씀하신 생수의 강은 장차 믿는 자들이 받게 될 성령임을 설명하였습니다.

"그를 믿는 자들이 받을 성령을 가리켜 말씀하신 것이라" (요7:39)

이처럼 예수님께서는 믿는 자들이 성령을 받을 것이라고 말씀하셨고, 부활하신 후 제자들에게 성령을 받으라고 명령하셨고, 승천하시면서 성령이 임할 때까지 예루살렘을 떠나지 말고 기다리라고 당부하셨습니다.

왜 성령님일까요? 왜 예수님께서는 이렇게 성령님을 강조하시고 제자들에게 당부하셨을까요? 우리의 연약함 때문입니다. 누구보다도 예수님께서는 제자들의 연약함을 잘 아시는 분이십니다. 우리도 마찬가지입니다. 우주를 탐험하고 양자 컴퓨터가 등장하는 시대에 우리가 살고 있지만 사실 제대로 보면 우리 인간이 얼마나 연약한 존재인가를 알 수 있습니다. 우리는 어떤 연약함을 갖고 있습니까?

1) 너무나 작은 존재

제임스 어윈 (James Irwin 1930-1991)이라는 우주 비행사가 있습니다. 그는 대기권 밖의 우주에서 지구를 바라보았던 경이로움을 이렇게 고백했습니다.

"우주의 암흑에서 빛나는 푸른 보석인 지구를 바라보면서 그곳에만 생명이 있다는 사실에 감동을 받고 무력하고 나약한 생명을 지닌 내가 암흑의 우주속에서 지구와 연결되어 살아가고 있다는 사실에 감사를 느끼고 이것이야말로 하나님의 은총임을 아무런 설명 없이도 느낄 수 있었다"

수십명의 우주 비행사들을 인터뷰하고 그들의 체험담을 쓴 다치바나 다카시(Tachibana Takasi 일본의 저널리스트로 1979년 <일본공산당연구>로 고단샤 논픽션상 수상)에 따르면 우주에서의 체험이 계기가 되어 하나님을 믿게 된 우주 비행사들이 상당수라고 합니다. 사람이 강한 것 같지만 사람만큼 연약한 존재도 없습니다. 만물의 영장이라고 하지만 눈에 보이지도 않는 바이러스 때문에 죽기도 합니다.

1977년에 발사된 보이저 2호가 40년 넘게 비행을 해서 태양계를 벗어 나면서 찍은 사진이 2019년 11월 공개가 됐습니다. 태양계를 벗어나기 직전 카메라를 지구 방향으로 돌려 찍은 한 장의 사진이 있습니다. 수 많은 별들 가운데 반짝이는 작은 점 하나가 지구입니다. 그 작은 점 하나에서 70억이 넘은 인구가 지지고 볶으면서 살아가고 있는 것입니다. 저는 이 한 장의 사진이 우리를 겸손케 하는 위대한 작품이라고 봅니다.

2) 장래 일을 알지 못함

인간의 연약함과 더불어 어리석음을 가장 잘 보여주는 것이 내일 일을 알지 못한다는 것입니다. 내일 죽을 사람이 오늘 창고에 곡식을 쌓아두는 것이 사람입니다. 내일 일이 아니라 5분후도 알지 못하는 것이 우리 사람입니다. 어떤 면에서는 미물보다도 못한 것이 사람입니다.
큰 지진이 일어나기 전에 동물들은 본능적으로 반응을 한다고 합니다. 내일 일이 아니라 당장 5분후에 일어나는 일도 모르는 것이 사람입니다.

3) 의지의 나약함

인간의 나약함과 연약함을 가장 적나라하게 보여주는 것이 제자들입니다. 그들은 성인이었습니다. 예수님을 따르기로 결심하고 가족과 직장까지 버린 헌신된 사람들이었습니다. 예수님과 3년 동안이나 함께 생활을 하며 예수님이 행하시는 수 많은 이적을 체험한 사람들입니다. 그런데 제자들의 실상이 어떻습니까?(요21장)
다른 사람들이 모두 주님을 배반한다 하더라도 자신만은 그렇지 않겠다고 다짐했던 베드로는 세 번이나 예수님을 부인했습니다. 예수님은 제자들의 연약함을 너무나 잘 아시는 분이십니다.
우리 사람에게는 돕는 존재가 필요합니다. 하나님께서 그렇게 만드셨습니다. 도움을 받아야하는 존재로 만드셨습니다.

1) 여자의 도움을 받아야합니다. (창2:18)
   물론 여자는 남자의 도움을 받아야합니다. 여자를 돕는 존재로 만드셨다는 것은 남자는 도움을 받아야하는 존재라는 의미이기도 합니다. 우리는 서로를 도와야합니다.
2) 천사의 도움을 받아야합니다.(히1:14)
   구원얻을 후사들을 섬기라고 만드신 것이 천사입니다.
   우리에게는 돕는 존재가 필요합니다.
3) 성령님의 도움을 받아야합니다. (요한 14:18).
   성령님의 도움을 받지 못하면 이는 고아와 같습니다.

이처럼 사람은 누군가의 도움이 필요한 연약한 존재로 창조되었습니다.

3. 돕는 분

예수님의 또 다른 명칭은 그리스도입니다. 그래서 예수 그리스도라고 부릅니다. 그리스도는 헬라어인데 <기름부음을 받은 자>라는 뜻입니다. 성령님의 또 다른 명칭은 <보혜사>입니다. 보혜사는 그리스어로 <파라클레토스>라고 합니다. 돕는 자라는 뜻인데 오늘날 변호사라고 할 수 있습니다.

제자들의 연약함을 아시기에 부활하신 예수님께서는 제자들에게 성령을 받으라고 하신 것입니다. 성령을 받으라는 것은 <성령의 도움을 받으라>는 의미도 있습니다. 오늘의 우리도 성령의 도움을 받아야합니다. 성령님의 도움없이 살 수 있다고 하는 것은 교만입니다. 누구나 성령님의 도움을 받아야합니다. 그렇다면 성령님은 오늘날 우리를 어떻게 도우실까요?

1) 우리가 하나님의 자녀임을 보증해주십니다.(로마서 8:16)
2) 우리를 위해 친히 기도해 주십니다.(로마서 8:26)
3) 우리를 진리 가운데로 인도해주십니다.(요16:13)
4) 우리에게 능력을 주십니다.(행1:8)
5) 우리에게 은사를 주십니다.(고전12장)

그동안 성령님에 대하여 가장 큰 오해가 은사입니다. 성령님하면 은사를 떠 올리고 은사하면 성령님을 생각했습니다. 은사는 성령님께서 주시는 선물입니다. 선물이라면 보너스의 성격이 짙습니다. 있으면 좋은 것이지만 선물이 주어지지 않는다고 문제가 되는 것은 아닙니다.

성령님이 우리를 위해 도우시는 사역 중 은사보다 더 중요한 것이 내가 하나님의 자녀임을 보증해 주시는 것입니다. 나를 위해 기도해 주시는 것보다 더 소중한 도움이 어디있습니까? 물론 성령님이 주시는 은사도 소중한 것이지만 이것이 성령님의 모든 것이 아닙니다.

4. 성령을 받고 나면 어떤 변화가 일어나는가?

1) 성령을 받고 나면 예수를 주라 시인하게 됩니다.

> 형제들아 신령한 것에 대하여 나는 너희가 알지 못하기를 원하지 아니하노니 너희도 알거니와 너희가 이방인으로 있을 때에 말 못하는 우상에게로 끄는 그대로 끌려 갔느니라 그러므로 내가 너희에게 알리노니 하나님의 영으로 말하는 자는 누구든지 예수를 저주할 자라 하지 아니하고 또 성령으로 아니하고는 누구든지 예수를 주시라 할 수 없느니라 (고전 12:1-3)

2) 성령을 받고 나면 인격이 바뀝니다.

영의 귀와 눈이 열려 영적인 삶을 살게 되고 신의 성품에 참여하는 사람이 됩니다. 영적인 삶 뿐만이 아니라 육체도 하나님의 영이 거하시는 거룩한 성전이므로 거룩한 삶을 추구하게 됩니다.

3) 성령을 받으면 고난의 삶을 살게 됩니다.

대부분 성령을 받고 나면 시온의 대로가 열리는 줄 압니다. 인생의 평화가 찾아오는 줄 압니다. 그러나 성령을 받으면 고난 받게 되어 있습니다. 환난과 핍박을 받게 됩니다. 그래서 고난을 이겨내라고 성령님을 보내주신 것입니다. 성령을 받은 후 제자들의 삶을 보십시오. 사람들로부터 조롱을 받고(행전 2:13), 감옥에 갇히고 매도 맞게 됩니다(행전 5:40)

4) 성령을 받으면 은사가 나타납니다

은사가 좋은 것은 사실이지만 은사는 사용을 잘 해야합니다. 고린도교회는 많은 은사가 나타났던 교회입니다. 그러나 은사를 사용하는데 많은 문제가 드러났습니다. 사도 바울이 이 소식을 듣고 은사를 사랑으로 사용해야한다고 책망한 것이 고린도전서입니다. 고린도전서 13장은 엄밀하게 말해서 은사를 어떻게 사용해야 하는가를 알려주는 은사 사용 방법을 기록한 장입니다. '사랑으로 사용하지 않는 은사는 아무것도 아니다.'

5) 성령을 받으면 성령의 열매가 열립니다.

하나님은 열매를 보고 평가하십니다. 성령의 은사와 더불어 열매가 함께 맺혀져야 합니다. *(갈 5:22-26)*

6) 성령을 받으면 성령님께서 소망(Vision)을 부어 주십니다.

소망(꿈, 비전, 묵시)은 자기가 만드는 것이 아닌 하나님이 주시는 것이 진짜입니다. 자기가 만든 것은 욕망입니다. 욕망은 결국 사망에까지 이르게 됩니다. (욕망 ⇒ 실망 ⇒ 낙망 ⇒ 절망 ⇒ 사망)

은사와 열매가 있어도 소망이 없어서 방자히 행하는 경우가 얼마나 많은지 모릅니다. (잠 29:18) 소망할 수 없는 중에 바랐던 아브라함의 소망이 그를 믿음의 사람으로 키웠던 것입니다.

5. 어떻게 하면 보혜사 성령님이 임하는가?

그렇다면 어떻게 해야 보혜사 되시는 성령님께서 임하게 되실까요?

1) 우선 회개해야합니다.

> 베드로가 이르되 너희가 회개하여 각각 예수 그리스도의 이름으로 세례를 받고 죄 사함을 받으라 그리하면 성령의 선물을 받으리니(행 2:38)

회개한 후 예수그리스도 이름으로 세례를 받고 죄 사함을 받으면 성령이 오십니다. 성령님은 거룩한 하나님의 영이시기에 죄의 문제가 해결된 사람에게 오십니다. 예수님은 죄인들에게 오셨습니다. 그리고 죄의 문제를 해결해주셨습니다.

그러나 성령님은 거룩한 영(Holy Spirit)입니다. 그 분은 거룩하지 않는 곳에는 절대로 임하지 않습니다. 죄 있는 곳에는 절대로 임하지 않습니다. 그러므로 성령을 받으려면 먼저 회개해야 합니다. 미워하는 사람, 용서하지 못하는 것, 원망들을 만한 사람이 있습니까? 세상을 사랑하고 돈을 사랑하고 쾌락을 사랑한다면 다 내려놓아야 한다.

2) 구하는 자에게 성령을 주십니다.

> 너희가 악할지라도 좋은 것을 자식에게 줄 줄 알거든 하물며 너희 하늘 아버지께서 구하는 자에게 성령을 주시지 않겠느냐 하시니라 (눅 11:13)

누가복음 11장의 말씀이 흔히 기도 응답을 위해 간절히 구할 것을 설명할 때 자주 인용되는 구절입니다만 사실은 성령님을 구하라는 말입니다.

3) 성령 세례와 성령 충만의 차이가 있습니다.

성령 세례는 일생에 단 한번 받습니다. 이것은 거듭난 모든 사람에게 해당됩니다.

> 우리가 유대인이나 헬라인이나 종이나 자유인이나 다 한 성령으로 세례를 받아 한 몸이 되었고 또 다 한 성령을 마시게 하셨느니라 (고전12:13)

성령 충만은 단회적이 아니라 지속해야되는 과정입니다. 계속 받아야하고 이를 위해 내가 힘써야 할 의무가 있습니다. *(에베소서 5:18)*

양육 (Follow up)

제자 훈련

오늘 날 기독교는 제2의 종교개혁이 이뤄지고 있습니다. 첫 번째 종교개혁이 평신도가 성경을 읽게 된 것이라면, 두 번째 종교개혁은 평신도가 복음 사역의 주체가 된 것입니다.

약 70억 세계 인구 중 60%이상이 전통적인 방법으로는 선교가 불가능합니다. 모슬렘 국가를 비롯한 많은 나라들이 전문 선교사의 입국을 막거나 제한하고 있으니, 40억 이상에게 복음의 문이 닫힌 셈입니다.

이런 점에서 볼 때 평신도의 적극적인 참여 없이는 세계 복음화가 불가능하다는 로잔 II 대회의 결론은 타당한 지적입니다. 또, 복음이 전파된 기독교 국가에서도 만물을 충만하게 하라는 교회의 사명(엡 1:23)을 이루기 위해서는 평신도들이 정치, 경제, 교육, 예술 등 모든 영역에서 그리스도의 제자의 사명을 감당하며 하나님 나라의 통치를 구현해야할 것입니다.

1. 평신도는 교회의 본류이며 주체

한국에서는 평신도란 말이 모호합니다. 목회자가 없는 강원도 시골 교회에 서울에서 장로님이 부임해서 목회를 하고 있다고 합시다. 그 장로님은 교역자인가요 평신도인가요? 신학의 수학 여부로 구별한다거나, 안수를 받았느냐 그렇지 않느냐, 또는 사례비를 받느냐 자비량으로 사역하느냐로 나눈다면, 이것은 어떤 근거인가요? 신학을 마치고 일반대학에서 철학을 강의하는 모 교수는 평신도인가요 교역자인가요? 자비량 하면서 일했던 바울 사도는 평신도인가요 교역자인가요?

영어에서 '평신도(lay)'라는 단어는 그리스어 '라오스(laos)'의 현대어입니다. 라오스가 신약 성경에서는 '백성'(행 4:10)으로 사용되었으나 세속적으로는 군중이나 도시국가의 시민을 지칭할 때 사용되었습니다. 그러다가 시간이 지남에 따라 '전문가'에 대립되는 '비전문가' 나 '능력이 적은 사람' '교육받지 못한 사람'의 동의어로까지 쓰이게 되었습니다.

교회사를 통해 보면 초대교회는 교역자와 평신도의 근본적인 구별이 없었습니다. 특히 사도들의 직분이 독특하게 취급되기는 했으나 그 직분이 교회의 계급을 구분 짓는 것은 아니었습니다.
클레멘트는 "교회의 직분자들이 온 교회의 동의를 얻어 직분을 맡을 것"을 말했으며 안디옥의 이그나티우스는 "직책이 인간을 높이게 하지 마시오. 신앙과 사람이 모든 것이며, 그보다 위에 있는 것은 아무것도 없습니다"라고 했습니다.

2세기 이후 계속적으로 발호하는 이단 사상과 박해가 정통적인 신앙을 위태롭게 하자 요동하는 개교회를 보호키 위해 지교회의 장로나 감독의 위치가 중요하게 부각되었습니다. 이 후 3세기부터는 성직자와 평신도의 구분은 명백해지고 평신도는 수동적인 의존자로 전락해버리고 말았습니다.

중세의 교직 제도는 3세기 이후 발전해 온 제도의 완성으로 보아야 될 것입니다. 교황이 무오하다는 교권 속에서 평신도들은 이제 만인 사제의 보편적 사도직을 빼앗기고 오직 복종만을 강요당하는 수동적 위치로 전락하고 말았습니다.

16세기 종교개혁은 종래의 계급적인 신분과 직분 문제에 있어서 평신도의 위치와 기능을 새롭게 회복시켰습니다. 루터는 「독일 귀족 크리스챤에게 보내는 글」에서 다음과 같이 만인제사장론을 펼쳤습니다.

"교황, 주교, 사제들 및 승려들을 '영적 계급'이라고 부르고 군주들, 영주들, 직공들 및 농부들은 '세속적 계급'이라고 부르는 것은 완전 조작인 것이다. 실로 이것은 거짓과 위선이다. 모든 크리스챤은 참으로 영적 계급에 속하며 그들 가운데는 직무상의 차별 이외에 아무 것도 없다. 이것은 고린도서에서 우리는 다 한 몸이나 모든 지체가 다른 지체를 섬기기 위하여 각기 다른 임무를 가진다(고전 12:12)고 말하는 것과 같다."

그리고 루터는 교직자의 위치에 대해 다음과 같이 말합니다.

"주교가 성별될 때에 그는 모두가 동등한 권능을 가진 모든 회중들 가운데 하나를 택하여, 그에게 다른 사람들을 위하여 이 권능을 행사하도록 맡겨주는 것이다. 이것은 다 같은 왕의 아들이고 동등한 상속자들인 열 형제가 그들 가운데서 하나를 택하여 자기들 전체를 대신하여 유산을 관리하게 하는 것과 같다. 그들 중의 하나가 다스리는 직무를 맡고 있기는 하나 그들은 다 왕들이며, 동등한 권력을 가지고 있는 것이다."

이와 같이 루터는 사제를 하나의 관리로 보며 평신도와 사제, 군주와 주교, 영적인 것과 세속적 일 사이에는 아무 차이가 없이 단순한 직무의 구별로 보고 있습니다. 루터는 "사제가 예배를 집례 하는 것과 농부가 소젖을 짜는 것도 믿음으로 하면 똑같이 제사"라고 보고 있습니다. 종교 개혁이 평신도의 위상 회복을 위한 이론적 작업이었다면 20세기는 평신도의 위치에 대한 현실적 적용이었다고 볼 수 있습니다.

금세기에 갑자기 평신도에 대한 중요성이 일어나게 된 배경을 사회적으로 본다면, 종교의 핍박을 받았던 공산진영과 그렇지 않았던 민주진영이 있습니다. 민주 진영에서는 20세기에 들어와 확산된 의무 교육에 따른 민주 의식의 확산과 선거권의 부여 같은 평등 의식, 기존의 전통적 권위에 대한 새로운 인식과 더불어 종교 생활이 접목되었습니다. 공산 진영에서는 종교 활동의 억압과 교역자의 전임사역(full time)이 용이하지 않게 되자 평신도 가운데서 자연스런 대행이 이루어졌습니다.

그러나 이런 시대적 상황에 의해서 평신도들의 활동이 생겨났다는 것은 일반적 현실론에 지나지 않습니다. 평신도들이 성경을 읽고 연구하다 보니 자각하게 되었고 이것이 평신도운동의 절대적 원인이 되었습니다. 에큐메니칼 운동이 이론적으로는 많은 역할을 했지만 열매가 적은 데 비해 복음주의 선교단체들은 상대적으로 많은 열매를 나타낸 것이 이에 대한 증명이 될 것입니다.

이렇게 볼 때 평신도는 교회의 본류이며 주체입니다. 평신도가 없는 교회는 있을 수 없고, 평신도 중에서 교역자는 선택되고 평신도와 교역자는 하나입니다.

2. 평신도와 제자훈련

한국에서는 1970년대말부터 '제자훈련'이란 말이 많은 사람의 입에 오르내리기 시작했습니다.

교역자의 교육이 신학교에서 주로 이루어졌다면, 제자훈련은 평신도 지도자의 교육으로 주로 사용되었습니다. 제자 훈련이 초기에는 몇 몇 선교 단체에서 시작되었으나 요즈음은 교회에서 평신도 교육을 위해 제자훈련이란 말이 많이 사용되고 있습니다. 그러나 제자훈련은 새로 고안된 방법이 아니라 예수께서 제자들을 훈련시켰던 방법이었으며, 복음서를 통해 보면 제자훈련은 예수님의 핵심적인 사도 교육으로 이들을 통해 세계 비전을 기대하셨습니다.

신약성경에 250여회 사용되고 있는 '제자'라는 헬라 단어는 도제(徒弟 : apprentice)라는 단어를 빌려서 사용하고 있으나 그 내용면에서는 약간 다른 점이 있습니다. 당시의 도제는 수련 중에 있는 의사나, 직조공의 도제, 철학학파의 학생들처럼 스승의 학문이나 기술을 습득해서 계승해 나가는 방법으로 주요 교육 방법은 본을 통해서 직접 가르쳐졌으며, 계속적인 전승을 통해 이어졌습니다.

예수님 당시에도 바울 사도가 공부했던 가말리엘 문하 같은 랍비학교나 보편화된 대중 교육인 회당교육이 있었습니다. 당시 회당교육과 예수님의 교육을 비교해보면, 회당교육은 제사장과 랍비들처럼 주지적인 교육으로 겉모습은 바뀔지 모르지만 마음 중심은 바뀌지 않았습니다. 예수님은 이것을 외식이라고 책망하셨습니다. 예수님의 교육은 한 사람의 전인격과 삶의 목표, 방식을 변화시키되 마음을 변화시키는 교육이었습니다. 그러므로 교회에서의 제자훈련은 다음 세 가지 영역에서 주의가 필요합니다.

첫째, 지식을 키우는 주지적 교육이 아니라 삶을 변화시키는 생명력이 있어야 합니다. 많은 사람들이 제자훈련을 성경공부 프로그램으로 잘못 알고 있는 경우도 있는데 제자(disciple)라는 말은 훈련(discipline)이란 어원에서 보듯이 분명한 생명의 역사이어야 합니다.

트루블러드(Trueblood) 박사는 '코치'라는 말을 쓰면서 "운동 경기에서 코칭 스텝의 질은 결과에 있어 큰 차이를 내며, 코치의 역할은 선수를 발굴하며, 타인의 능력을 개발하고 훈련시키는 데 있다… 그리스도인코치는 자신의 특권을 향상시킴보다 타인의 개발에 보다 더 관심을 갖고 있는 사람이어야 한다"고 사역자들을 무장시키는 사역자로 규정하고 있습니다.

둘째, 제자훈련의 목표는 교회 성장이나 구역장 교육을 위한 교육 또는 내 교회, 내 모임, 내 나라에 국한되는 지엽적인 것이 아니라, 구체적이고 효과적으로 세계 비전이라는 예수님의 명령을 성취하기 위한 순종이어야 합니다. 오늘 날 제자훈련하는 단체나 교회마다 경쟁적으로 평신도의 시간과 은사나 재정을 요구하고 있을 뿐 아니라, 조직에 붙잡아두고 교회의 프로그램에 제한시킵니다. 그 결과 세상으로 보냄을 받아 자신의 직장과 지역 사회를 변화시킬 수 있는 능력을 제한하는 결과를 낳지 않아야 합니다. 이것을 위해 지역 교회나 선교 단체는 훈련된 제자들을 그들을 필요로 하는 직장과 사회에 빛과 소금으로 적극적으로 파송해야 합니다. 예수님께서도 마태복음 28장 19절에서 '가서'라고 명령하고 있습니다.

셋째, 제자훈련은 기능적인 사역의 효율보다 개개인이 "하늘에 계신 너희 아버지의 온전하심같이 온전하라"(마 5:48)는 요구처럼 하나님의 형상으로 온전케 되도록 해야 합니다. 제자의 목표는 인격, 능력, 사역 모든 면에서 예수 그리스도의 장성한 분량이 충만한 데까지 이르도록 성화되는 데 있습니다.

3. 인격적인 관계가 우선돼야 할 제자훈련

제자선교회에서 사역을 하면서, 훈련받은 목회자들이 지역 교회나 기관에서 제자 훈련을 적용하면서 느낀 점을 앙케이트 조사해보니 아래와 같은 유의 사항이 있음을 알게 되었습니다.

첫째, 제자훈련은 인격적인 교제를 통해 되어진다.

예수님께서도 마가복음 3장에 기록된 것처럼 제자들과 '함께' 했습니다(getting together). 이 방법은 제자들이 스승과 함께 살며 지식, 감정, 비전, 물질을 나누는 방법으로서 서로 간에 깊은 인격적인 관계를 맺게 해줍니다. 고대의 교육은 다 이러한 방법을 택했으며, 예수님 당시의 랍비 교육도 이 방법이었습니다. 제자들은 가능한 많은 시간을 스승과 함께 보내며 생활 습관이나 방식까지도 전수받기 위해 한 집에서 함께 기거하며-어떤 랍비들은 제자들을 양자로 삼기까지 하여-그를 돌보고 그의 필요를 채우며 실제적인 훈련을 했습니다. 훌륭한 선생은 이 세상의 어떤 교재보다 뛰어난 교재이며, 이 훌륭한 교재를 배우기 위해서는 그 선생과 함께 있는 것이 가장 효과적인 '모방학습' 방법입니다.

둘째, 단순한 내용, 단순한 방법입니다.

오늘날 많은 그리스도인들은 신학교와 같은 전문적인 기관에서 고도의 훈련을 해야 일할 수 있는 것처럼 생각하지만 실제로는 쓸데없는 가르침이 너무 많습니다. 또 방법도 너무 복잡합니다. 예수님의 가르침은 간단했고 그 방법도 간단했습니다. 많은 사역자들이 커리큘럼(curriculum)의 중요성을 공감하지만 그 커리큘럼도 쉽게 짜여져야 될 것입니다. 너무 많은 내용과 복잡한 방법이 도리어 제자를 혼란스럽게 만들고 제자가 재생산되지 않는 경우를 자주 봅니다.

셋째, 전도와 양육의 경험을 많이 쌓고 사역의 기술을 익혀야합니다.

사람을 다루는 기술은 기계를 다루는 방법과 전혀 다르기 때문에 많은 임상(臨床)이 필요합니다. 좀 부족한 사역자라도 보호 가운데 실습을 시켜서 훈련시켜야 합니다. 이 때 스승은 본을 보여주면서 시행 착오를 줄이도록 지도하고, 평가해서 격려해주어야 합니다. 예수님께서도 공생애 기간 동안 성령의 능력을 받지 못해서(요 7:39) 견고한 비전도 없고 권능이 부족함에도 제자들을 보내 전도를 하게 하고 사역을 부분적으로 임상시키셨습니다.

넷째, 선발과 집중의 원리를 써야 합니다.

제자훈련은 지(智), 정(情), 의(意) 전인교육이므로 대량으로는 참된 교육을 이룰 수 없습니다. 산업혁명 이후 대량 생산의 욕심이 도입되어서 학교 교육이 이를 수용하고 있다보니 교회마저도 대중 집회에 치중하고 있습니다. 그러나 메머드 교육이 지식 전달은 가능할지 모르지만 사람의 감정과 의지를 변화시키기는 한계가 있습니다.

예수님께서도 마가복음 3장 13절에 "자기의 원하는 자들"을 부르셨습니다. 그 후에 그 열 두 제자에게 집중하셨습니다. 혈연 관계에 있는 사람들보다 그들과 더 가까이 있으면서 잠잘 때(눅 8:23), 여행할 때(요 4:3,48), 식사 때, 쉴 때, 기도할 때 등등 주님이 하시는 모든 일(눅 8:1)에 함께 함으로 영적 교제뿐만 아니라 정신적, 육체적 접촉도 깊이 하셨습니다. 이 때 '재생산'에만 중점을 둔다면 제자훈련의 큰 축복을 놓치게 될 깃입니다. 제자를 양육하여 친구와 동역자의 수준까지 끌어 올리는 작업은 수많은 기도와 사랑의 교제가 필요합니다. 처음부터 그 영혼 자체를 사랑하지 않고 -머리가 좋아서 빨리 이해한다든지, 사회적인 지위가 높아 문화 사명을 잘 감당할 것이기에 - 선발한다면, 그 제자훈련을 하나님께선 돕지 않을 것입니다.

다섯째, 성령의 능력으로 해야 합니다.

여기에서 말하는 능력은 방언이나 병 고치는 은사주의가 아니라 훈련 전체가 성령의 이끄심 가운데 되어져야 하고 또 성령의 권능을 받도록 해야 합니다. 우리의 싸움 자체가 혈과 육에 대한 것이 아닌 것처럼 이 싸움은 영적인 싸움입니다. 예수님께서 제자들을 훈련시키실 때 마가복음 3장에 "귀신 쫓는 권세도 있게 하려 하심"은 우리의 훈련에 중요한 지표를 제시해줍니다. 성령의 능력으로 하지 않는 제자훈련은 사람의 제자를 키우는 세뇌일 수밖에 없습니다. 결정적인 순간에 무너지고 쓰러질 수 밖에 없습니다.

그리스도의 몸 된 교회는 성경이 원하는 평신도의 위상을 회복해야 합니다. 복음으로 살든, 자비량으로 살든 그들은 성장과 헌신이 동일해야 할 만인 제사장들입니다. 제자훈련은 평신도들을 그들이 속한 교회나 사회에서 제사장 되게 하는 유일한 예수님의 방법입니다.

'아버지와 아들과 성령의 이름으로 세례를 주고 주께서 우리에게 분부한 모든 것을 가르쳐 지키게 하여 모든 족속으로 제자를 삼자'

제자 훈련

양육 (Follow up)

제자훈련의 중요성과 방향

예수께서 나아와 말씀하여 이르시되 하늘과 땅의 모든 권세를 내게 주셨으니 그러므로 너희는 가서 모든 민족을 제자로 삼아 아버지와 아들과 성령의 이름으로 세례를 베풀고 내가 너희에게 분부한 모든 것을 가르쳐 지키게 하라 볼지어다 내가 세상 끝날까지 너희와 항상 함께 있으리라 하시니라
(마태복음 28:19-20)

1. 제자 훈련의 중요성

제자훈련은 교회가 제공하는 수 많은 프로그램 중에 하나가 아닙니다. 교회 성장의 한 방편으로 활용하는 프로그램도 아닙니다. 예수님께서는 3년 동안의 공생애 기간 동안 친히 12명의 제자를 삼으셨으며 제자들에게 자신의 사명을 위임하셨습니다. 제자를 삼은 삶은 예수님의 사역에

있어서 핵심인 동시에 본질이었습니다. 먼저 제자훈련의 중요성에 대하여 정리해 보도록 하겠습니다.

1) 하나님의 창조 목적

우리는 성경에서 하나님께서 사람에게 명하신 세 가지 중요한 명령을 찾아낼 수 있습니다. 이를 흔히 성경의 3대 핵심 명령이라고 부릅니다.

A. 문화 명령

'하나님이 자기 형상 곧 하나님의 형상대로 사람을 창조하시되 남자와 여자를 창조하시고 하나님이 그들에게 복을 주시며 하나님이 그들에게 이르시되 생육하고 번성하여 땅에 충만하라, 땅을 정복하라, 바다의 물고기와 하늘의 새와 땅에 움직이는 모든 생물을 다스리라 하시니라' (창1: 27-28)

B. 지상 명령 (至上命令)

'예수께서 나아와 말씀하여 이르시되 하늘과 땅의 모든 권세를 내게 주셨으니 그러므로 너희는 가서 모든 민족을 제자로 삼아 아버지와 아들과 성령의 이름으로 세례를 베풀고 내가 너희에게 분부한 모든 것을 가르쳐 지키게 하라 볼지어다 내가 세상 끝날까지 너희와 항상 함께 있으리라 하시니라' (마:28:19-20)

C. 대계명

> '예수께서 이르시되 네 마음을 다하고 목숨을 다하고 뜻을 다하여 주 너의 하나님을 사랑하라 하셨으니 이것이 크고 첫째되는 계명이요 둘째도 그와 같으니 네 이웃을 네 자신 같이 사랑하라 하셨으니 이 두 계명이 온 율법과 선지자의 강령이니라' (마22:37-40)

문화 명령이 창조의 목적이라고 한다면 지상 명령은 구원의 목적이라고 할 수 있습니다. 두 명령 모두 확장성이라는 공통점을 가지고 있습니다. 문화 명령은 생육과 번성, 지상 명령은 가서 제자를 삼으라고 합니다. 다른 말 같지만 두 명령 모두 결국은 재생산하라는 의미입니다.
재생산이 없는 사역은 결국 시간이 지나면 시들어 버립니다. 인구 감소가 국가적인 중요 과제로 인식되고 있습니다. 얼마 전만 해도 상상할 수 없는 일이었지요. 40년 전만 해도 '둘만 낳아 잘 기르자'고 했습니다. 인구 증가의 억제가 국가적 정책이었는데 불과 몇 십년후에는 인구 감소가 국가의 과제로 등장했습니다. 교회도 마찬가지입니다. 유럽에서는 예배당이 모스크로 변하기도 하고 슈퍼 마켓으로 팔리기도 합니다. 기독교 인구의 감소로 교회 운영이 불가능해졌기 때문입니다.

이런 위기감은 한국 교회도 예외일 수 없습니다. 교인들의 고령화와 교인의 감소는 한국 교회에 큰 위기로 다가 올 것입니다. 제자화는 영적 재생산입니다. 재생산은 교회의 가장 기본적인 관심과 정책이 되어야합니다. 특히 가정에서 제자화가 이루어져야합니다. 자녀들을 믿음 안에서 잘 양육해야합니다.

단순하게 생육하고 번성하는 것이 아니라 자녀들에게 믿음의 유산을 잘 남겨주어야합니다.

구약의 사사 시대에 등장하는 엘리 제사장뿐만 아니라 선지자였던 사무엘의 가정 역시 자녀 양육에 실패한 대표적인 가정들입니다. 제사장이나 선지자도 자녀 교육에 관심을 갖지 않고 특히 부모가 본을 보이는 삶을 살지 못하면 자녀들이 믿음으로부터 떠날 수 밖에 없습니다. 나의 자녀들을 생물학적인 자녀에 머물지 말게 하고 영적인 세자를 삼고 제자로 가르쳐야합니다.

2. 예수님의 제자 사역

예수님께서는 제자들에게 제자를 삼으라고 명령만 하신 것이 아니라 본인이 제자를 삼았고 이들을 훈련하는 과정을 직접 보여주셨습니다.

> '이 때에 예수께서 기도하시러 산으로 가사 밤이 새도록 하나님께 기도하시고 밝으매 그 제자들을 부르사 그 중에서 열 둘을 택하여 사도라 칭하셨으니…" (누가복음 6:12,13)

예수님의 제자 삼는 사역은 우리에게 교과서와도 같은 모범입니다. 우리도 예수님처럼 제자를 삼으면 됩니다.

1) 소수에 집중하심

예수님께서는 기도 후에 12명의 제자를 선발하셨습니다. 후보자가 12명이었기 때문에 12명을 선택하신 것이 아닙니다. 후에 가룟 유다가 죽은 후에 그 직분을 대신할 사도를 선택하는 데 기준이 '항상 우리와 함께 다니던 사람 중 하나'(행1:22) 입니다. 12명 외에도 예수님과 함께 하는 사람들이 꽤 있었습니다. 그럼에도 불구하고 예수님은 12명만 사도로 세우신 것입니다. 그리고 이 12명에게 집중하신 것을 볼 수 있습니다. 대중이 예수님을 좇았지만 예수님을 오히려 이들을 피하시고 이 12명의 사도들에게 집중하셨습니다.

사단은 한꺼번에 많은 재생산을 꿈꾸게 합니다. 그러나 이것은 사단의 전략입니다. 소수에 집중하는 것이 주님의 방법입니다. 바울도 제자 디모데에게 제자 선발의 지침을 교훈합니다.

> '또 네가 많은 증인 앞에서 내게 들은 바를 충성된 사람들에게 부탁하라. 그들이 또 다른 사람들을 가르칠 수 있으리라'(딤후 2:2)

충성된 사람을 가르치고 그들로 하여금 다른 사람들을 가르치게 하라는 것이 바울이 디모데에게 전수하는 제자 삼은 과정입니다. 예수님은 왜 12명을 선택하셨을까요? 저는 그것이 사람이 가질 수 밖에 없는 한계치라고 봅니다. 일평생 12명의 신실한 제자를 삼을 수 있다면 성공입니다.

2) 본을 보이심

예수님께서 12명의 제자들을 훈련하신 프로그램이 무엇이었습니까? 커리큘럼이 있었나요?

오늘 날 제자훈련이라고 하는 과정을 보면 성경 공부인 것이 대부분입니다. 성경 공부의 한 과정을 마쳤다고 제자가 되는 것은 아닙니다. 예수님의 제자 훈련은 철저한 삶의 공유입니다. 예수님은 제자들을 부르시고 그들과 함께 계셨습니다.

'이에 열 둘을 세우셨으니 이는 자기와 함께 있게 하시고…'(막 3:14)

그리고 먼저 본을 보이는 삶을 사셨습니다. 제자들을 보내 전도하게 하기 이전에 예수님 스스로 전도하는 삶을 사셨습니다. 각 마을로 보내 병든 자들을 고치고 귀신을 내어 쫓게 하시기 이전에 예수님 자신이 얼마나 많은 병자들을 고치시고 귀신을 내어 쫓으셨습니까?

3. 제자훈련의 방향

제자훈련의 목표는 하나님의 사람을 만드는 것입니다. 예수님을 닮은 예수님 같은 인물로 성장시키는 것이 제자 훈련의 목표가 되어야합니다. 내 사람, 나 닮은 사람을 만드는 것이 아닙니다.

'나를 믿는 자는 내가 하는 일을 그도 할 것이요 또한 그보다 큰 일도 하리라' (요한복음 14:12)

예수님께서는 위와 같이 말씀 하셨습니다.

제자 훈련의 목표는 제자가 나보다 더 큰 자가 되는 것입니다. 내 어깨에 올라 내가 하지 못한 일도 할 수 있도록 도와야 합니다. 제자가 나보다 더 성장하는 것을 용납하지 못하십니까?

제자가 나보다 더 유명해지는 것은 참지 못합니까?

제자가 나보다 더 큰 능력을 소유하는 것은 원치 않습니까?

그렇다면 제자 삼는 사역을 시작하지 말아야 합니다. 시작해도 실패가 분명합니다. 제자훈련을 한다고 하지만 실패하는 몇 가지 큰 요인이 있습니다.

첫번째, 내가 하려고 합니다.

제자 삼는 것은 내가 하는 것이 아닙니다. 예수님께서도 12명의 사도들을 세우시기 전에 밤을 세우면서 기도하셨습니다. 예수님께서는 자신이 12명의 제자들을 부르셨지만 하나님이 보내신 자들이라고 여겼습니다.(요17:6). 제자는 하나님께서 나에게 맡겨주신 자들을 내가 대신하여 양육하는 것입니다.

육신의 자녀도 마찬가지 아닙니까? 성인이 되기까지 내가 잠시 양육하는 것입니다. 자녀를 내 소유로 생각하고 내 마음대로 주관해도 되나요? 제자훈련은 내가 아닌 하나님과 함께 해 나가는 과정이 되어야합니다. 그래서 기도해야하고 성령님의 도우심이 필요합니다.

두번째, 본을 보여주지 못하기 때문입니다.

육신의 자녀도 부모의 모습을 닮아갑니다. 긍정적인 모습 뿐만 아니라 부정적인 모습조차도 닮아갑니다. 제자훈련을 하다보면 리더의 기도하는 모습도 닮아가고 성경을 읽는 모습도 닮아갑니다.
예수님께서 제자들에게 사랑할 것을 당부하십니다.

> "서로 사랑하라. 내가 너희를 사랑한 것 같이 너희도 서로 사랑하라' (요13:34)

사랑을 당부하시면서 '내가 너희를 사랑한 것 같이'라고 말씀하십니다. 본을 보이지 못하는 제자훈련은 불가능합니다. 결국은 본을 보여주지 못하면 시간이 조금만 지나도 나타나게 되어 있습니다.

4. 점검과 격려

제자훈련을 할 때 흔히 경건의 시간, 성경 읽기와 암송, 전도 등을 점검합니다. 그리스도인으로서의 기본적인 생활이라고 할 수 있습니다. 초기 제자선교회에서 양육을 할 때 숙제를 내주고 숙제를 해 오지 못한 사람이 있을 경우 팀 전체가 맨발로 거리를 뛰기도 했습니다. 추억 같은 이야기이지만 즐겁게 모두 점검을 받고 다음에는 과제를 해 오려고 다짐을 하는 계기가 되기도 했을 것입니다. 제자 훈련에서 점검과 격려는 반드시 필요합니다. 때로는 벌도 필요합니다. 우리는 연약한 사람이기 때문에 그렇습니다.

예수님께서는 제자들을 전도하러 보내신 후에 그들이 돌아오면 반드시 점검을 하셨습니다. 그들이 겪었던 성공은 물론이고 실패도 보고 받으셨습니다. 실패에 대해서는 함께 아파하시고 성공에 대해서는 함께 기뻐하셨습니다. (누가복음 10:17-21)

사실 제자훈련에서 그리스도인으로서 해야 할 기본적인 성경 읽기와 암송, 전도보다도 점검해야할 더 중요한 항목이 있습니다.

첫째, 이 사람이 정말 예수 안에서 거듭난 사람인지(요 3:3-7) 하나님의 의로 가득차 있는지, 성령으로 충만한지 주의 깊게 점검해야 합니다.

제자훈련을 하는 중에 사역자로 임명하고 사역을 맡긴 중에도 실족하고 시험에 빠지는 경우를 종종 경험했습니다. 아직은 연약하기에 넘어지는 경우도 있고, 사단의 시험에 넘어가는 경우 등 이유는 다양합니다. 그러나 분명하게 점검해야하는 것이 예수 안에서 정말 거듭난 사람인지를 확인하고 확인해야합니다. 그리고 지금 이 시간 성령으로 충만해있는지도 점검해야합니다. 지난 주 성령으로 충만해있다고 해서 오늘도 충만한 것은 아닙니다. 한 주간 동안 어떤 영적인 싸움이 있었는지 알 수 없습니다.

두번째, 제자들로 하여금 또 다른 사람을 제자 삼도록 격려하고 점검해 주어야 합니다.

본인 스스로 제자 삼는 삶을 살도록 일찍부터 권하고 격려해야합니다. 제자훈련 과정을 마쳐야 제자를 삼을 수 있는 것은 아닙니다. 두려워할 필요도 없습니다. 어차피 제자를 삼는 삶은 내가 하는 것도 아니고 성령의 능력으로 해야 하는 일입니다.

세번째, 선한 일을 하는 지, 선한 성령의 열매를 맺는 지 점검해 주어야합니다.

유명한 사역자들이 실족하는 경우를 종종 보게 됩니다. 대부분 이들의 공통점은 점검해 주는 멘토가 없다는 것입니다. 함께 어울려 교제하는 것과 점검해 주는 것은 다릅니다. 사회적으로 유명해지고 사역의 규모가 커질수록 본인 스스로도, 주변에서도 점검에 소홀해지기 쉽습니다. 이 시간이 실족할 수 있는 위험한 순간입니다. 본인만 넘어지는 것이 아니라 하나님 나라에 큰 손실이 발생케합니다.

지속적으로 선한 일에 열심을 내는지, 성령의 열매를 맺고 있는지 살피고 때론 격려가 필요합니다.

5. 어떻게 제자를 세우나?

마태복음에서 예수님이 주신 지상 명령은(마28:18-20) 크게 세 단계로 볼 수 있습니다.

　가서 제자 삼아(E)
　아버지와 아들과 성령으로 세례주어(F)
　가르쳐 지키게 하라(G)

이 세 단계를 마지막 장에서 <사역의 표준화>라는 제목으로 보다 상세하게 다룰 것이기 때문에 여기에서는 동사를 중심으로 짧게 요약하겠습니다.

1) 가서 모든 민족을 제자로 삼아

제자를 삼는 것은 앉아서 기다리는 것이 아닙니다. 적극적으로 가는 능동적인 자세가 필요합니다. 예수님께서도 갈릴리 지역을 두루 다니시면서 제자를 삼으셨습니다. 고기를 잡고 있던 베드로를 만나기도 하시고 세관에 앉아있던 마태를 부르기도 하셨습니다. 제자들에게 단 한 번도 앉아서 기다리라고 하지 않으셨습니다. 제자들을 보내셨고 가라고 하셨습니다. 오늘의 우리도 가야합니다. 제자를 삼는 일차적인 과정은 '가는 것'입니다.

2) 아버지와 아들과 성령의 이름으로 세례를 베풀고

세례를 베풀라는 것은 단지 세례 교인으로 만들라는 것이 아닙니다. 세례란 완전히 변화된 삶을 말합니다. 제자를 삼아 하나님의 사람으로 완전히 변화된 사람으로 만드는 것이 두번째 단계입니다.

3) 가르쳐 지키게 하라

성령으로 거듭한 사람일지라도 가르치고 점검해 주어야합니다. 예수님의 제자라 할지라도 계속되는 가르침과 점검이 필요했습니다. 가르침과 점검은 우리가 주님 앞에 서는 그 날까지 행해야 할 의무이기도합니다. 더 이상 배움이 필요없다고 생각한다면 교만입니다. 넘어질까 조심해야 합니다. 나는 더 이상 점검이 필요없다구요? 예수님 앞에서 맹세했던 베드로를 생각하십시오.

선한 일 (GOOD WORK)

09. 사랑의 특권
10. 최고의 축복 - 노동
11. 두 가지 사명

선한 일 (Good Work)

사랑의 특권

그들이 조반 먹은 후에 예수께서 시몬 베드로에게 이르시되 요한의 아들 시몬아 네가 이 사람들보다 나를 더 사랑하느냐 하시니 이르되 주님 그러하나이다 내가 주님을 사랑하는 줄 주님께서 아시나이다. 이르시되 내 어린 양을 먹이라 하시고 또 두번째 이르시되 요한의 아들 시몬아 네가 나를 사랑하느냐 하시니 이르되 주님 그러하나이다 내가 주님을 사랑하는 줄 주님께서 아시나이다. 이르시되 내 양을 치라 하시고 세번째 이르시되 요한의 아들 시몬아 네가 나를 사랑하느냐 하시니 주께서 세번째 네가 나를 사랑하느냐 하시므로 베드로가 근심하여 이르되 주님 모든 것을 아시오매 내가 주님을 사랑하는 줄을 주님께서 아시나이다 예수께서 이르시되 내 양을 먹이라 [요 21:15~17]

하나님께 가장 받고 싶은 복은 무엇입니까? 하나님께서 우리에게 주시려고 하시는 가장 큰 복, 가장 귀한 복은 무엇일까요? 많은 사람들이 물질의 복, 건강의 복을 받고 싶어하지만 그보다 더 큰 복이 있습니다.

1. 사랑의 축복

연인들이 사랑을 할 때 상황에 관계없이 행복한 느낌을 갖습니다. 물질적으로 좀 가난해도 사랑한다는 한 가지 사실만으로도 행복해 하지 않습니까? 하나님과의 관계도 마찬가지입니다. 하나님의 사랑을 받고 또 하나님을 사랑하는 것이 가장 큰 복입니다. 구원을 받았음에도 하나님의 사랑을 느끼지 못한다면 불행입니다.
바울은 고린도전서에서 고린도교회의 교인들에게 '사랑이 없으면 방언이나 예언도 아무 것도 아니라'고 사랑의 중요성을 가르쳤습니다.
(고린도전서 13장)

하나님께서 우리를 사랑하셨습니다. 성경은 하나님이 우리를 사랑하신 사랑의 이야기로 가득차 있습니다. 창조의 사건도 사실은 우리를 사랑하신 하나님의 사랑의 사역입니다. 이스라엘 백성들의 그칠 줄 모르는 타락에도 불구하고 하나님께서는 그들을 끊임없이 사랑해 주십니다.
하나님께서 우리에게 주신 가장 큰 축복을 말하라면 사랑입니다. 그러므로 하나님의 사랑을 깊이 깨닫게 되면 우리는 세상의 무엇과도 바꿀 수 없는 기쁨이 찾아오고 참 감격과 행복감을 느끼게 됩니다.

하나님의 아들이신 예수님께서 이 땅에 사람의 몸을 입고 오신 성육신은 우리를 향한 하나님의 사랑을 보여주는 절정입니다. 예수님께서 십자가에서 죽으신 사건은 하나님께서 내가 너희를 이렇게 사랑한다는 최고의 증거이기도 합니다.

하나님께서 나를 이렇게 사랑하신다는 사실에 감격하신 적이 있습니까? 내가 하나님께 사랑의 대상이 된다는 사실을 실감하신 적이 있습니까? 하나님께서 나를 사랑하신다는 이 사실만으로 먹지 않아도 배부르고 가진 것 없어도 행복한 적이 있으십니까?

2. 사랑의 시험

우리를 향한 하나님의 가장 큰 관심사는 사랑입니다. 하나님의 사랑이 일방적인 짝사랑으로 끝나는 것이 아니라 우리도 하나님을 사랑하는가에 대하여 가장 궁금해하십니다.
승천하시기 직전 예수님께서 3년 동안이나 동고동락했던 베드로에게 물으신 것도 결국은 사랑의 확인이었습니다.
"네가 나를 사랑하느냐?"
이 질문을 세 번이나 반복하셨습니다.

하나님께서 아브라함에게 독자인 이삭을 제물로 바치라고 명하셨습니다. 이것은 아브라함의 믿음을 보시고자 하는 테스트였지만 '너는 독자 이삭보다 나를 더 사랑하느냐?'는 고난이도의 문제이기도 했습니다.
하나님께서는 오늘도 하나님이 사랑하시는 이들에게 동일한 질문을 하십니다.
"네가 나를 사랑하느냐?"

그런데 문제를 조금씩 변형시켜 내십니다. 아브라함에게 과거에 한번 출제했던 문제를 동일하게 출제하시지는 않습니다. 주일을 성수하는 문제도 해답은 결국 하나님을 사랑하는가입니다. 십일조를 통해서도 하나님은 우리가 하나님을 사랑하는가를 보십니다. 헌금의 결심은 물질보다 하나님을 더 사랑하느냐가 결정합니다. 자기를 부인하라는 예수님의 명령 역시 '나 자신보다 하나님을 더 사랑하느냐'를 알 수 있는 시험지입니다.

하나님께서는 시대를 불문하고 하나님의 사람을 만나실 때 한결같이 사랑으로 물어보십니다. 그 이유는 무엇일까요? 사랑이 가장 중요한 핵심이기 때문입니다.

3. 사랑의 강권 (Control)

성경의 핵심은 무엇입니까?
성경의 핵심은 사랑이고 이 사랑은 크게 하나님 사랑과 이웃 사랑으로 구분할 수 있습니다. 하나님께서 모세를 통해 이스라엘 백성들에게 주신 십계명은 이 두 가지입니다. 1-4계명은 하나님을 향한 사랑의 계명이고 5-10계명은 이웃을 향한 사랑의 계명입니다.

한 율법사가 예수님을 시험하려고 '선생님 율법 중에서 어느 계명이 크니이까?'질문한 적이 있습니다. 예수님께서는 '하나님을 사랑하고 이웃을 사랑하는 이 두 계명이 온 율법과 선지자의 강령'이라고 하셨습니다.

(마태복음 22:37-40) 강령이라면 가장 중요한 핵심이라고 할 수 있는데 율법의 핵심은 하나님 사랑과 이웃 사랑이라는 말입니다.

사랑하는 연인간에도 사랑의 힘이 있습니다. 사랑하는 사람을 위해 술을 끊는 힘도 생기고 외로움과 역경을 이겨내는 능력을 가져다 주기도 합니다. 하물며 우리가 하나님과 사랑의 관계를 가질 때 그 힘이 얼마나 크겠습니까? 주님에 대한 사랑으로 잠을 이루지 못한 밤이 있으십니까? 내가 하나님을 사랑하고 하나님의 사랑이 나를 강권하면 어려운 환경, 감당하기 어려운 시험거리가 눈 앞에 놓여도 염려하지 않습니다. 주님의 깊은 사랑을 맛본 사람은 어떤 상황에서도 좌절하거나 낙심하지 않습니다.

사도 바울은 예수 그리스도의 사랑이 자기를 강권했다고 고백합니다.

　"그리스도의 사랑이 우리를 강권하시는도다."(고린도후서 5:14)

하나님을 사랑하는 자에게 하나님께서 그 사랑을 나타내시고 예수님의 사랑이 우리를 강권할 때 우리 주변에 하나님의 축복이 임하고 참된 능력이 임합니다.

바울은 예수님의 사랑에 강권되어 그 사랑에 취해 살았습니다. 바울이 온갖 고난과 역경 속에서도 복음 전하는 사명을 완수 할 수 있었던 힘은 그리스도의 사랑에 강권된 사랑의 능력이었음을 알 수 있습니다.

4. 사랑할 수 있는 특권

하나님을 사랑한다는 것이 특권입니까, 아니면 부담입니까? 하나님께서 하나님을 사랑하라고 하시니까 부담되십니까? 우리는 명령문으로 받으면 괜한 반발심이 일어납니다.

자녀들에게 '공부해라'가 아니라 '공부해도 된다' 해 보시기 바랍니다.

우리 신앙 생활의 대부분이 하나님께서 우리에게 허락해 주신 것인데 이것을 명령으로 생각하기 때문에 어려운 것입니다. 기도하라는 명령이 있지만 '기도해도 된다'입니다.

하나님을 사랑하라는 이 명령문을 허용문으로 생각해 보시지요.

'나는 본래 하나님을 사랑할 수 없는 죄인이었는데 하나님께서 사랑해도 된다고 허락해 주셨다'

'나처럼 부족한 사람이 하나님을 사랑해도 되는구나'.

공짜로 주시니까 귀한 줄을 모르는 경우가 많습니다. 한 선교사님께서 선교지에서 약을 공짜로 나눠주니까 현지인들이 버리고 가는 경우가 있었다고 합니다. 가난한 선교지의 사람들은 도저히 살 수 없는 고가의 약이었기에 그냥 준 것인데 사람들은 공짜로 주는 약이 좋은 약이겠나 싶어 신뢰를 하지 못했나 봅니다. 고민하던 선교사님께서 약간의 돈을 받기로 했습니다. 그랬더니 약을 버리지 않더랍니다.

하나님을 사랑하는 것이 명령문이다보니 부담스러워하고 공짜다 보니 그 가치를 알지 못합니다. 우리가 하나님을 사랑할 수 있는 것은 특권입니다.

하나님께서는 사단에게 사랑해도 된다고 허용하지 않으셨습니다. 누구나에게 허용한 것이 아닙니다. 하나님의 형상으로 창조된 우리에게만 허용하신 특권입니다. 부담스러워할 것이 아니라 감격해야 될 명령입니다.

오늘날 우리가 성경을 읽는 것도 마찬가지입니다. 제자훈련을 하면서 성경을 하루에 50장씩 읽어야하는 숙제를 내기도 했습니다. 숙제를 하지 못한 사람은 벌을 받기도 하구요. 성경 읽는 것을 부담으로 생각하고 계신가요? 활자가 발명되기 전에는 성경이 매우 귀했습니다. 일일이 필사를 해야했습니다. 당연히 중세의 교회들은 성경을 매우 귀하게 여겼습니다. 성경이 한권밖에 없는 교회도 있었습니다. 수도원도 마찬가지였습니다. 수백명의 수도사들이 머물고 있는데 성경이 한권 밖에 없는 수도원도 있었다고 합니다. 글을 읽을 줄 모르는 수도사들도 있었습니다. 이들은 성경을 어떻게 읽었을까요? 시간을 정해놓고 성경을 낭독했습니다. 사람들을 모아 놓고 한 사람이 성경을 낭독해 주었던 것입니다. 이들에게 성경을 한 권 주면서 읽고 싶을 때 읽으라고 했다면 부담입니까 아니면 감격할 일입니까?

우리가 하나님을 사랑할 수 있다는 것은 특권입니다. 허락입니다. 하나님께서 나를 사랑해도 좋다는 사랑의 허락입니다.

5. 순수한 사랑 (요 21:15~17)

요한복음 본문에서 예수님께서 베드로에게 하신 세 가지 질문이 있습니다.
이 세 번의 질문을 우리 성경으로는 동일해 보이지만 원문에서는 약간의 차이가 있습니다.

- 첫 번째 : 이 사람들보다 더 나를 사랑(아가페)하느냐?
  → 사랑(필레오)으로 대답
- 두 번째 : 네가 나를 사랑(아가페) 하느냐?
  → 사랑(필레오)으로 대답
- 세 번째 : 네가 나를 사랑(필레오) 하느냐?
  → 근심이 가득함

예수님께서는 처음과 두번째는 아가페하느냐로 물으십니다. 아가페는 신적인 사랑을 의미합니다. 차원 높은 사랑이라고 할 수 있지요. 그런데 베드로는 계속해서 필레오로 답을 합니다. 필레오는 친구를 사랑하는 우정이라고 할 수 있습니다.
예수님께서 세번째 질문으로 베드로를 곤혹스럽게 하십니다.
'네가 자꾸 필레오 한다고 하는데 그 정도라도 나를 사랑하느냐?'
베드로에게는 대답하기가 난처한 질문이 아닐 수 없었습니다.
여러분은 예수님을 사랑하십니까? 어느 정도 사랑하십니까?
아가페하십니까? 아니면 필레오하십니까?

주님이 가진 것, 주님이 주시는 것은 사랑하지만 주님 자체를 사랑하지 않는 사람들이 많습니다. 심하게 말하면 예수님을 이용해 병 낫고, 죄 사함 받고, 천국도 가고자 하지만 예수님 자체는 사랑하지 않습니다. 예수님을 사랑해야지 예수님이 주시는 것만 사랑하면 어떻게 합니까?
신랑이 신부 자체를 사랑해야지 신부가 입고 있는 드레스를 사랑하면 진정한 사랑이 아닙니다.

예수님께 어떤 도움을 받기 위해서가 아니라 예수님 자체를 순수하게 사랑해야합니다. 예수님도 우리를 그렇게 사랑해 주셨습니다. 내가 도저히 사랑 받을 수 없는 죄인이었음에도 불구하고 사랑해주셨습니다.
나도 예수님을 순수한 동기, 순수한 목적으로 사랑해야 합니다.
오늘도 예수님께서는 우리에게 묻고 계십니다.
"네가 나를 사랑하느냐?"

선한 일 (Good Work)

최고의 축복 - 노동

우리는 하루 24시간 중 평균 8시간 이상의 일을 합니다. 노른자위 같은 가장 중요한 시간에 직장에서 일을 합니다. 나머지 시간은 잠자는데 삼분의 일, 그리고 남은 삼분의 일은 식사를 하고 출근, 퇴근, 부스러기 시간으로 휴식과 여가생활을 합니다. 일은 20대부터 60대까지 사람의 일생에서 가장 황금 같은 시기에 이루어집니다. 평균 100,000시간 이상을 일하게 된다면, 이 일(노동)은 평생 자신의 깨어있는 시간의 절반 이상에 해당됩니다. 가장 중요한 시기(Power Time)에 그 자신이 존재하는 의미라고 할 수 있습니다.

요한 바오로 2세는 그의 회람 Laborem Exercencs 에서 "노동이란 다른 동물로부터 인간을 구별하는 특징 중의 하나이다. 삶을 보존하기 위한 동물들의 활동은 일이라고 할 수 없다"고 했습니다. 주1)
또 일은 한번 뿐인 인생의 모두에게 공평하게 주어진 기회이기에 그 사람의 됨됨이와 업적은 그가 하는 일과 그 일에 대한 동기에 의해 평가 되어집니다. 그래서 사람들은 서로를 소개할 때 이름 다음으로 가장 먼저 자신의 직업을 소개합니다.

이렇게 많은 시간과 노력을 투자하고 희생하는 일에서 우리 크리스천들은 일에 대해 어떤 의미를 가지고 있고, 그 일에 대한 크리스천의 자세는 어떠해야 하는지, 그리고 일의 회복을 위한 우리의 지혜를 살펴보기로 합니다.

1. 일의 의미는 하나님의 대리인으로 하는 통치 행위

경제학자들은 일에 대한 정의를 '자신의 이익을 위해 의도적으로 하는 경제 행위'라고 하고 사회학자들은 '사람과 사람 사이의 공동체의 차원'에서 일을 정의합니다. 이렇듯 일은 각각의 관점에 따라 정의가 다를 수 있지만 크게 세속적인 차원은 물질 세계에서 '인간이 자신의 목적을 가지고 의도적으로 하는 행위'를 일이라고 합니다.

그러나 기독교 세계관에서 보는 일은 그것과는 차원이 다릅니다. 기독교에서 정의하는 "일"은 하나님과 사람과의 관계에서 시작됩니다. 에덴동산에서 하나님께서 사람들에게 일을 시키는 것에서 시작되어 하나님의 대리인으로써 세상을 다스리는 일체의 행위를 일의 기원으로 삼게 됩니다.

> [하나님이 가라사대 우리의 형상을 따라 우리의 형상대로 사람을 만들고 그로 바다의 고기와 공중의 새와 육축과 온 땅과 땅에 기는 모든 것을 다스리게 하자...](창1:26)

> ...다스리게 하자(...Let them have dominion... KJV)
> (... Let them rule over... NIV)

여기서 '다스림'(dominion)의 뜻은 히브리어의 '통치'(mashal, maml-akah, malkut) 헬라어의 '왕국'(basileia, to rule, sovereignty, king-dom)을 의미합니다.
그러므로 사람들의 일, 노동은 단순히 머슴이나 노예처럼 일하는 일꾼이 아니라 대리하는 왕(Vice King)으로서 세상을 다스리는 행위가 일입니다.

고대 근동의 나라들은 자신이 통치하는 지역에 큰 돌이나 금속으로 자신의 형상을 세우고 자신이 통치함을 나타냈고, 자신의 대리인을 세워 피정복민을 통치했었습니다. 하나님의 형상으로 지음 받았다는 것은 하나님의 대리인이라 할 수 있습니다.

크리스천의 일은 하나님의 대리인으로써 세상을 통치하는 행위이며, 신약 시대에 예수님께서 오셔서 하나님의 나라를 이루는 것도 에덴에서 하나님께서 아담에게 주었던 통치 행위를 다시 이루는 것입니다. 예수님께서는 '하늘에 계신 아버지가 일하시니 나도 일한다'(요5:17)라고 말씀하십니다. 그러므로 일은 예배처럼 하나님의 존전에서 하나님께 드려지는 행위가 됩니다. 그래서 예배나 일이 히브리어 아바드(abad)로 같은 어원을 가지고 있는 것입니다.

우리의 일(직업)이 비록 작고 간접적인 방법이긴하지만 인류를 위한 하나님의 의도적인 진척을 위해 공헌하는 것을 볼 수 있을 때 노동은 예배 (work is worship)가 됩니다.(고전 10:31) 주2)

임금을 받거나 이익을 보는 것이 잘못되었다는 것이 아니라 그것은 부차적인 것이고 지금 하는 일이 하나님께 열납되어야 하고 하나님께서 세상을 통치하는 행위로서 우리는 일을 통해 섬기는 것으로 나타내야합니다. 하나님의 거룩한 성품을 드러내고 그 분을 대신하여 하는 것이라는 확신이 들지 않는다면 깊이 숙고해야 될 문제입니다.

2. 일은 구속사(창조-타락-구속)적으로 봐야한다.

많은 사람들은 일을 통해 자신의 의미를 발견하고 즐거워하기도 하지만, 인간의 일에 대한 욕심의 발단으로 반 인륜적인 노예 제도를 만들고, 노동력의 착취나 유아노동 등으로 약자들을 학대하고 억압하는 죄를 지어왔습니다.

그렇다면 과연 일이 축복입니까? 아니면 저주입니까? 일은 경제적인 차원이나 자기 성취의 인간적인 차원에서만 보는 것이 아니라 구속사적인 차원에서 봐야 합니다 .

1) 일의 창조

일의 기원은 하나님이십니다. 지구상에서 일을 최초로 하신 분도, 일을 최초로 만든 분도 에덴동산의 하나님이셨습니다. 그리고 모든 창조에서처럼 일의 제도를 만든 하나님께서는 일을 온전하게, 그리고 축복으로 만드셨습니다.

하나님께서 우주와 인간을 창조하셨을 때, 에덴 동산에서의 인간은 욕심도 없었고 죄와 거리가 먼 하나님의 형상을 가진 온전한 존재였습니다. 그 때의 땅과 동식물, 그리고 환경들은 하나님이 보시기에도 좋았습니다. 하나님은 일을 축복으로 제도적 창조를 하셨습니다.

창세기 1:28은 문화명령(Cultural Mandate)으로 불리워집니다.
'하나님이 그들에게 복을 주시며 그들에게 이르시되 생육하고 번성하여 땅에 충만하라 땅을 정복하라

　바다의 고기와 공중의 새와 땅에 움직이는 모든 생물을 다스리라 하시니라'(창1:28)

성경 66권 중에서 사람에게 주신 최초로 축복이 문화명령입니다. 이 문화 명령은 일의 명령이라고도 불리워지는데 이처럼 일은 처음부터 축복으로 주어졌습니다.

에덴동산에서 하나님께서 인간에게 주신 세 가지 큰 축복이 있습니다.

(1) 일의 축복(창1:28)
(2) 안식의 축복(창2:2)
(3) 결혼의 축복(창2:20-25)

누구든지 안식과 결혼을 축복이라고 의심하지 않습니다. 그러나 왜 일은 축복이라고 믿지 않지요? 물론 지금은 안식의 개념이 많이 흐려졌지만 안식은 모든 사람들이 축복으로 인정합니다. 또 결혼 풍조가 타락하고, 가정이 깨어지는 이혼율이 증가하고, 동성 결혼 때문에 결혼의 신성함과 그 의미가 많이 왜곡되었다고 할지라도 결혼을 축복으로 모든 사람들이 믿는 것처럼 "일"도 역시 축복입니다.

2) 일의 타락

그러나 인간의 범죄로 말미암아 일이 타락해 버렸습니다. 땅은 가시덤불과 엉겅퀴를 내고 일은 범죄한 인간들의 욕심을 채우는 수단으로 전락했으며 선한 일이 아니라 악한 사람들의 범죄 수단으로 전락하면서 일은 오히려 많은 사람들에게 고통과 아픔을 가져오게 되었습니다.

마르크스는 '자본론'에서 기업가들의 기업 활동이 노동자들을 착취한다는 것을 실제 사례로 제시하였으며 당시 영국 노팅엄의 치안 판사의 말을 다음과 같이 인용합니다. (Marx,1867; 2권 308). 주3)

'9세부터 10세까지의 아이들이 새벽2시, 3시에 그들의 불결한 잠자리에서 끌려 나와 겨우 입에 풀칠이라도 하기 위해 밤 10시,12까지 노동하도록 강요 당하고 있다. 그들의 팔다리는 말라 비틀어져 있고 얼굴은 창백하고...그들의 감정은 목석처럼 무감각한 상태로 굳어져 버려 보기만해도 소름이 끼칠 지경이다.'

마르크스의 이러한 지적은 과장이 아니었습니다. 유아 노동의 경우 만4세의 아이도 있었으며, 일을 하다 실수라도 하게 되면 태형이나 벌금을 물리기도 했습니다.

노예 제도가 폐지되고 인권이 신장 되었다고 하는 21세기에도 제도와 형태는 변형되었지만 많은 제3세계 사람들과 약자들은 불공정한 노동 조건에서 착취와 고통을 당하고 있습니다. 일이 왜 상품화되어 어떤 사람들에게는 자신의 욕망을 채우는 수단이 되고 어떤 사람들은 극심한 고통을 당해야합니까? 사람의 타락은 일의 타락으로 이어졌습니다. 이 인간의 욕심으로 발현된 타락은 욕망을 경제의 동력으로 생각하는 구조 아래서는 회복이 불가능합니다.

3) 일의 구속

일을 최초로 만들고 시행하신 분의 회복 사역이 필요합니다. 예수 그리스도를 통한 구속이 필요합니다. 예수 그리스도의 사역은 통합적인 구속 사역입니다. 사람들의 죄를 구속 할뿐 아니라 피조 세계의 모든 피조

물(롬8:21)과 환경과 제도와 사람들이 부패시킨 잘못된 이론과 제도 마저도 구속을 통해 회복시키십니다.

예수님이 일을 구속 하신다는 것은 죄가 일을 타락시키기 전에 하나님께서 원래 의도하신대로 일을 회복시키는 것입니다. 주4) 이것이 하나님이 태초에 의도하셨던 일을 본연의 위치로 회복하는 것입니다.
일이 구속된 사람은 개인의 욕심과 야망을 채우기 위해 일을 죄악의 도구로 쓰지 않고 하나님이 기뻐하시는 산제사로 드리게 될 것입니다. 일이 곧 하나님이 받으시는 예배가 될 것입니다.

'그러므로 형제들아 내가 하나님의 모든 자비하심으로 너희를 권하노니 너희 몸을 하나님이 기뻐하시는 거룩한 산제사로 드리라 이는 너희의 드릴 영적 예배니라' (롬12:1)

그러나 지금은 이미 하나님 나라가 도래했지만 아직 완전하지 않은 것처럼 일의 구속도 아직 완전히 이루어지지는 않았지만 우리가 성령의 능력으로 이루어가야 될 것입니다. 이것을 위해 하나님은 자신의 사람들을 부르고 계십니다.
오스 기니스는 '이 소명(Calling, Vocation)은 하나님이 우리를 그 분께로 부르셨기에 우리의 존재 전체, 우리의 행위 전체, 우리의 소유 전체가 특별한 헌신과 역동성으로 그 분의 소환에 응답하여 그 분을 섬기는 것'이라고 정의합니다. 주5)

이 소명을 종교개혁 이전까지는 신부, 수도사 같은 성직자들에게 붙였으나 루터와 칼빈은 일과 소명을 동일시하여 신자가 자기 일을 하는 중에 믿음으로 하나님을 섬길 때 소명에 응답하는 것이라 하였습니다. 루터는 '농부가 소젖을 짜는 것이나 삽질을 하는 것이나, 목사가 예배를 집례하는 것이나 똑같은 예배다' 라고 소명을 일상 직업으로 확대했습니다. 이것을 구교에서는 소명의 세속화라고도 하지만 만인제사장의 교리에 의하면 먼저 만직이 제사직이 되어야 만인이 제사장이 될 수 있음을 의미합니다. 그래서 직업을 소명(Calling)으로 부르기도 하는데 각 사람의 직업은 하나님의 소명입니다.

A.W 토저는 "사람의 일이 거룩한가 아니면 세속적인가를 결정하는 것은 그 사람이 무엇을 하느냐에 있지 않고 왜 그 일을 하느냐에 달려있다"고 말합니다.
또 자크누엘은 "돈을 벌기 위한 노동은 돈을 섬기는 우상숭배이며 자기를 사랑하는 수단이지만 하나님의 은혜에 동참하는 노동은 하나님의 뜻에 순응하는 믿음이며 이웃을 사랑하는 수단이다"고 합니다. 주6)

하나님께서 어느 시대에나 그의 직업에 관계없이 부르셨습니다. 믿음의 조상 아브라함은 목축업자였습니다. 동시대에 살던 제사장 멜기세댁을 믿음의 조상으로 부르신 것이 아니라 아브람을 부르셨습니다. 요셉과 다니엘은 행정가요.다윗은 군인이며 정치가였습니다. 예수님도 레위지파 제사장이 아니라 유다지파이며 건축업을 하는 목수이셨습니다. 주7)

교회를 의미하는 에클레시아도 어느 지역에서 다른 지역으로의 부르심이 아니라 어떤 사명을 위해 부름 받은 자들의 모임이라고 본다면 모든 크리스천들은 만물을 통치하시며 충만케 하시는 하나님의 대리인입니다. 세상을 통치하는 하나님의 대리인이 되어 자신의 직업으로 하나님께는 영광을, 이웃에게는 섬김을, 자신에게는 하나님의 부르심에 응답하는 자기 실현이 될 수 있을 것입니다.

주1) 현대사회와 기독교적 답변, 존 스타트, 기독교 문서선교회 (1985)p.201
주2) 위의 책 p.208
주4) 기업이란 무엇인가, 배종석외 공저 (예영커뮤니케이션2006)p120 재인용
주4) 일과 예배, 벤패터슨, IVP.(1997) P 57
주5) 소명, 오스 기니스, IVP (2000)P13
주6) 하나님이냐 돈이냐, 쟈크 엘룰, 도서출판 대장간(1991) P.43
주7) 노동 축복인가, 저주인가, 강보형, 서로사랑p.220-225(1998)

    Joy at work ,Dennis W.Bakker. PVG in U.S.A. 2005

선한 일 (Good Work)

두 가지 사명

하나님이 그들에게 복을 주시며 하나님이 그들에게 이르시되 생육하고 번성하여 땅에 충만하라, 땅을 정복하라, 바다의 물고기와 하늘의 새와 땅에 움직이는 모든 생물을 다스리라 하시니라 하나님이 이르시되 내가 온 지면의 씨 맺는 모든 채소와 씨 가진 열매 맺는 모든 나무를 너희에게 주노니 너희의 먹을 거리가 되리라 또 땅의 모든 짐승과 하늘의 모든 새와 생명이 있어 땅에 기는 모든 것에게는 내가 모든 푸른 풀을 먹을 거리로 주노라 하시니 그대로 되니라 하나님이 지으신 그 모든 것을 보시니 보시기에 심히 좋았더라 저녁이 되고 아침이 되니 이는 여섯째 날이니라

천지와 만물이 다 이루어지니라 하나님이 그가 하시던 일을 일곱째 날에 마치시니 그가 하시던 모든 일을 그치고 일곱째 날에 안식하시니라 하나님이 그 일곱째 날을 복되게 하사 거룩하게 하셨으니 이는 하나님이 그 창조하시며 만드시던 모든 일을 마치시고 그 날에 안식하셨음이니라

- 창세기 1장 28절-2장 3절

최근 기독교 내에서도 문화에 대한 새로운 조명과 접근이 시도되고 있습니다. 그 중에서도 우리 인간 생활의 많은 부분을 차지하고 있는 노동에 대해서 성경에서는 어떤 시각을 가지고 있는지 살펴볼 필요가 있습니다. 일반적으로 노동을 동양에서는 신성하고 필요한 것으로 인식해온 반면 서양에서는 신의 저주요 죄의 결과로 간주하여 왔습니다. 인간의 생존에 필수 불가결한 노동에 대해 사회학자들은 자기성취, 사회참여라고 표현합니다. 노동을 돈을 벌기 위한 수단으로 인식하는 사람과 노동을 하나님의 창조적인 사업의 동역으로 인식하는 사람 사이에는 삶의 결과에도 커다란 차이를 보입니다. 모든 것이 전문화, 분업화되어 가는 현대 경제구조 아래서 노동의 가치를 새롭게 인식하고, 성경에서는 노동에 대해서 어떤 정의와 가치를 부여하고 있는지 오늘 여러분과 같이 생각해 보고자 합니다.

1. 노동의 의미

노동이라는 말에 대해서 정의를 내리기가 그리 쉽지는 않습니다. 그 말 속에는 하나님의 활동에서부터 천한 노예의 고된 노동에 이르기까지 광범위하게 많은 것이 포함되어 있기 때문입니다. 만일 노동을 '목적 지향적인 에너지 소비'라고 정의한다면 그것은 너무 광범위하며, 의미를 좁혀서 '단지 보수를 받기 위하여 치르는 에너지'이거나 '생계의 유지를 위해 치르는 에너지'라고 한다면 하나님의 사역 즉, 하나님의 노동은 설명할 수가 없습니다.

헬라인들은 노동을 천한 것으로 생각했습니다. 그들은 육체는 영혼의 감옥이며, 육체 노동은 인간의 품위를 저하시키는 일이라고 생각했습니다. 플라톤은 "장인들은 이상향의 시민이 될 수 없다"고 하였고, 아리스토텔레스도 역시 돈을 벌기 위해 하는 사업은 마음을 비천하게 만들고 한 곳으로만 쏠리게 하기 때문에 모두 천한 것으로 보았습니다. 헬라 당시 천시 받던 육체 노동은 중세 봉건사회에 들어와서는 종교적으로 격하되었습니다. 사제, 신부, 수녀 같이 종교적 직책을 맡은 사람들은 일반 직업을 가진 사람들보다 더 높은 정신적 신성성을 가진 것으로 인정했습니다. 그리고 사색에 종사하는 사람들은 육체적인 행동을 사람들보다 높은 위치에 있다고 인정했으며, 생활 가운데서도 육체 노동자는 더 낮은 위치에 있다고 보았습니다. 물론 그 위치가 낮다고 해서 그들을 불필요한 존재 또는 하나님의 작정에서 제외된 인간으로 간주하지는 않았습니다.

이러한 노동이 현대사회에 들어서면서 삶의 의미와 역사의 의미로 여겨지게 되었습니다. 현대사회에서 노동은 삶의 실체이며, 절대적인 위치를 차지하고 있으며, 그 자체로서 하나의 가치를 지니게 되었습니다. 사람들은 목표를 성취하기 위해 노동을 하며, 이러한 목표는 인간의 능력과 활동력에 비례하여 달성할 수 있습니다. 그러나 노동을 목적 그 자체로 격상시켰다 해서 구원과 해방의 수단으로 보게 된 것은 아닙니다. 현대사회의 노동자들은 노동을 매력적이거나 만족스러운 것으로 간주하지 않습니다. 발전의 전망을 보여주기 때문에 선택하는 직업이나 경력으로 생각하지도 않습니다. 노동자들의 요구는 그들이 완전한 인격체로서 노동에 참여할 수 있기를 바라며, 집단적인 기업에서는 노동자가 노동의 조직과 방향에 있어서 자신들의 노동을 가치 있게 할 수 있는 명분이 있어야 한다는 것입니다. 노동자는 기계의 작은 부분으로 취급되지 말아야 하며, 오히려 그 나름대로의 독특한 기술과 능력을 가진, 그리고 들을만한 가치가 있는 견해를 가진 개인으로서 인정받아야 합니다.

노동이 의미를 상실하는 것은 노동을 개인생활과 공동체생활로부터 분리시키는 것이며, 이것이 바로 현대 사회에서 발생하는 노동 문제의 핵심이기도 합니다. 그러나 현대 산업생산의 조건들은 사람들로 하여금 자기가 유용한 사회적 기능을 행사하고 있다는 사실을 깨닫기 어렵게 만들고 있습니다. 이와 같이 현대에는 노동이 삶 자체임에도 불구하고 그 의미를 상실하여 가고 있습니다.

노동은 인간의 필요를 충족시켜 주기 위해서 없어서는 안 될 일상 생활의 필수 여건입니다. 그러나 좋은 조건 아래서의 노동은 대단히 만족감을 주는 원천이 될 수 있지만, 때때로 노동은 무익과 실망에 그칠 때도 있습니다. 앞에서 살펴 본대로 노동의 의미에 대한 견해는 다양합니다. 사회에 대한 봉사 혹은 가족 부양의 책임이라고도 하고, 하나님께서 주신 책임이라고도 합니다. 하여튼 인간은 원시사회에서부터 고도화된 첨단 전자사회에 사는 오늘날까지 노동이라는 틀 속에서 살아가고 있습니다. 노동의 중요성 때문보다는 필요성 때문인지도 모릅니다. 그러나 노동의 중요성을 간과할 수는 없습니다.

땅은 인간의 범죄 후에도 인간의 문화 활동을 위한 소재로 남아 있으며 인간 또한 하나님의 형상을 지닌 자로서 존속합니다. 인간 존재의 의미 자체가 죄로 말미암아 파괴된 것은 아니며 인간 존재를 위한 법칙, 즉 생육하고 땅을 정복하고 다스리기 위하여 땅을 경작하는 법이 철폐되거나 폐지되지는 않았습니다. 불순종을 통하여 인간은 하나님의 진노의 대상이 되었으며 생명의 근원에서 영적인 죽음을 당하였습니다. 그 결과 생명의 빛이 인간에게서 사라지고 어두움에서 신음하게 되었고, 문화는 참된 목적인 하나님을 사랑하고 섬기는 일을 망각하게 되었습니다. 이와 같이 종교와 문화는 갈라지게 되었으며, 수단인 문화가 오히려 목적이 되어 인간은 그의 손으로 만든 창작물 속에서 제일가는 기쁨을 찾으려 합니다.

죄로 인하여 문화 활동의 본래 목적과 방향을 상실한 인간은 그리스도의 힘을 입을 때에만 인간성을 회복하는 동시에 잃었던 소명을 회복할 수 있게 됩니다. 그러나 근대 과학 기술의 발달은 대량 생산을 위한 전체주의적인 집단화로 개인의 창의적인 노력을 좌절시켰으며, 전체주의적인 사회구조는 개인의 자유를 억압하였습니다. 이에 따라서 모든 직업의 활동에는 소외성이 엿보이게 되었으며, 따라서 문화 활동의 비본래성이 드러나게 되었습니다. 직업에 대한 소명감을 회복하고 생동적이 되게 하려면 어떤 방법을 써야 하겠습니까? 먹고살기 위해서 일하는 것은 신사의 품위를 떨어뜨리는 것이라고 생각하는 그리스 사람들과 달리 히브리인의 사고는 노동을 세상에 대한 하나님의 정상적인 명령의 일부분으로 생각했으며 어떤 인간도 이것으로부터 면제받을 수 없다고 생각했습니다.

2. 노동의 가치

기독교의 윤리 가운데 노동의 지위가 명백히 드러나는 것은 무엇보다도 예수께서 그의 전 생애중 30년을 나사렛에서 목수로 지내셨다는 사실에서 발견할 수 있습니다. 또한 사도 바울도 천막을 만드는 사람이었으며, 그는 복음 사역에 대한 보수를 받을 권리가 있었음에도 불구하고 자신의 손을 움직여 양식을 벌었고, 그 누구에게도 폐나 누를 끼치지 아니하였습니다. 사실 초대교회에서는 바울 뿐만 아니라 전도자들도 스스로의 일을 하면서 복음을 전하는 것이 보편적이었습니다. 12사도의 교훈이라는 기원 100년경에 기록된 교회 최초의 법령집에는 다음과 같이 기록되어 있습니다.

"너희에게 오는 사도들은 누구나 주와 같이 영접하라. 그리고 사도는 하루 또는 만일 필요하다면 다음날도 계속 머물 수가 있다. 그러나 만일 3일간 더 머문다면 그는 거짓 선지자이다. 만약 너희에게 나그네가 오면 네가 할 수 있는 한 대접하라. 그러나 필요 없이 2일이나 3일 이상 오래 머물면 안된다. 그가 기술이 있고 너희 중에 살고자 원한다면 그에게 일하게 하고 먹도록 하라. 그러나 그가 아무 직업이 없다면 그가 그리스도인으로서 너희 중에서 나태한 생활을 하지 않도록 하라. 만약 그가 그렇게 하지 않는다면 그는 그리스도를 파는 자다."

이처럼 초대교회에서는 복음을 전하고 가르치는 자들이 특별한 혜택을 받은 것이 없었습니다. 단지 필요한 최소한의 빵을 제공받았고, 기술이 있으면 그것을 업으로 삼아 자기의 필요를 채웠습니다. 그러므로 그들에게는 믿음이 성별된 자기들만의 것이 될 수 없었습니다. 신자들 역시 단순히 돈을 벌기 위해서나 지출을 메우기 위해서 일하는 것이 아니라 하나님의 창조 질서의 한 부분이기 때문에 일하는 것이었습니다. 이와 같이 기독교인들에겐 모든 노동이 하나님께서 보시는 가운데 행하여지는 것이어야 합니다. 왜냐하면 기독교인에게 있어서 노동은 곧 예배이기 때문입니다.

많은 현대인들이 일을 잔인한 필연성, 피곤한 노역으로 알고 있습니다. 그렇다고 일에서 돌아서는 현상은 하나님의 주권을 부정하는 것입니다. 그것은 인간을 우주의 궁극자로 보려는 세속주의가 빚어낸 결과입니다. 종교의 퇴폐는 문화의 퇴폐를 가져오게 합니다. 열두 제자는 물론 초대교회의 지도자들은 거의가 다 낮에는 손으로 일하는 직공들이었습니다. 구약성서에 나타난 노동의 개념은 하나님에 의하여 주어진 직무이고 인간생활에 있어서 없어서는 안되는 것이었습니다. 즉 노동이 죄와는 관계없는 것이며, 인류에게 주어진 하나님의 목적이라는 것입니다. 신약성서에는 생계를 위한 일반적인 날마다의 노동에 대하여 말하고 있습니다. 사도 바울은 '일하기 싫어하거든 먹지도 말게하라'(살후3:10)고 권면하고 있습니다. 베드로전서나 디도서의 기자들 역시 신자들이 노동에 종사하는 것은 예수님의 모범에 따라야 할 신도의 의무라고 합니다. 노동의 가치평가는 인간이 무엇을 하는가에 달려있지 않고 왜 일을 하며 어떻게 일을 하는가에 달려있습니다. 이것이 진정한 의미에서 노동에 대한 해석이며 여기에서 비로소 노동의 중요성을 찾을 수 있습니다.

3. 루터의 노동관

칼뱅의 노동관에 앞서 루터의 노동관을 살펴 볼 필요가 있습니다. 루터가 일으킨 개혁운동은 역사적으로 500년 전에 일어난 과거의 일이지만, 인류의 사상사에 미친 의의를 살펴볼 때 불변하는 현재성을 갖고 있습니다. 그는 종교개혁을 통하여 노동에 대한 견해를 수정하는 동시에 직업 전반에 대한 중요성을 강조하였고, 이른바 크리스천의 직업관과 사명관에 대한 획기적인 전환을 가져오게 하였습니다. 로마 카톨릭이 종교적인 것과 세속적인 것을 구분하는 데 대항하여 루터는 모든 신자의 소명을 신성한 것이라고 주장하였습니다.

종교개혁의 목적은 모든 제사장들을 폐지하는데 있었던 것이 아니라 모든 기독교인을 제사장으로 만드는 데 있었습니다. 그는 세속적인 직업이나 노동에 종사하는 자체가 하나님으로부터 주어진 임무와 사명을 완수하는 것이라고 보았습니다. 그는 직업에 있어서 성속간의 우열을 가리는 것을 반대했고, 염주를 굴리며 열심히 미사를 올리는 것도 자기가 맡은 직업에 충실한다는 전제가 없는 한 별다른 뜻이 없다고 주장했습니다.

루터는 하나님이 모든 사람에게 직업을 주셨는데 그것은 신탁이며 누구나 자기의 직업에 소명감을 느끼는 자는 성직자와 마찬가지가 된다고 하였습니다. 루터의 이런 직업관은 종교개혁의 정신적 분위기를 조성하였으며 신학적인 입장을 설명하여 주는 중요한 관점이 됩니다. 그의 직업관 속에는 어떤 직업에 종사하든 성실한 의무 이행은 하나님께 영광 돌리는 것이며 동료 인간에게 봉사하는 것이라고 하는 새로운 기독교적 윤리관을 내포하고 있습니다. 하나님께서 우리에게 주시고 요구하시는 일인 이상 모든 직업은 거룩한 부르심에 근거한 사명 완수의 과정이라고 보는 것이 루터의 직업관이었으며 그 사상은 후세에 사회 윤리의 전환을 가져오게 한 결정적 계기가 되었다고 볼 수 있습니다.

4. 칼뱅의 노동관

칼뱅은 크리스천의 생활이 항상 어디서든지 거룩하신 하나님 앞에서의 생활이라고 보았습니다. 그는 노동과 크리스천의 생활을 밀접하게 연결시켰습니다. 복음이 노동을 하나님의 사역에 참여하게 만든다고 강조하였습니다. 우리가 인간의 천직을 존경할 수 있게 된 것은 루터의 덕이지만 그의 원리를 행동으로 밀고 나간 사람은 칼뱅이었습니다. 칼뱅은 인생 전반을 하나님의 뜻의 입장에서 보고, 그것을 하나님의 율법의 훈련으로 다루었습니다. 칼뱅은 노동에 영적인 권위와 새로운 가치를 부여했습니다.

그의 직업관은 **첫째, 청지기로서의 직업관입니다.** 우리에게 주어진 직업은 하나님께서 맡겨준 것이기 때문에 마지막 날에 하나님 앞에 결산 보고를 드리는 마음의 자세를 가지고 직업에 임하라는 것입니다. 그러므로 크리스천은 현세에 탐닉하는 향락주의와 금욕주의를 배척해야 된다고 합니다. 크리스천은 이 세상에 있는 동안 하나님의 청지기로서의 책임을 가지고 세상에 임하여야 하며, 동시에 다가오는 세상을 바라보면서 살아야 한다는 것입니다. 예수께서 '하나님이 일하시니 나도 일한다'고 하신 말씀을 들어 노동을 거룩한 사명으로 보았습니다. 이는 당시에 새로운 윤리로서, 세속적 노동을 잘하는 것이 신의 뜻을 잘 지키는 것이라는 뜻이었습니다. 그리하여 세속적인 의무 즉, 사회생활에서 직업으로 주어진 임무를 잘 준행하는 것이 하나님을 기쁘게 하는 수단이라고 보았습니다. 나아가서 하나님이 허락하신 직업은 모두 그 앞에서 동등한 가치를 갖는다고 그는 믿었습니다.

둘째, 칼뱅은 누구나 자기가 하는 일은 부르심을 받은 일이라는 '직업 소명론'을 주장했습니다. 그에게 있어서 소명의 개념은 본질적으로 루터가 사용한 것과 같습니다. 제사장만 소명을 받은 것이 아니라 모든 사람이 다 하나님 앞에서 소명을 받았다는 것입니다. 그는 인간이 하는 노동은 바로 하나님께서 그의 피조물의 생활을 위해 마련하신 일로 보았습니다. 인간의 노동은 하나님의 행위에 참여하는 것으로서, 그 노동이 올바로 성취될 때 바로 하나님의 일을 성취한다는 것입니다. 어거스틴이 "노동은 비록 유용하기는 하지만 그 자체가 하나의 형벌이다"라고 말한 데 비하여 칼뱅은 모든 사람의 직업은 하나님께서 주신 것이기 때문에 특별한 뜻이 있다고 하였습니다. 하나님의 거룩하심 앞에서 귀하거나 천한 것이 없듯이 모든 노동은 목사가 강단에서 설교하는 것만큼이나 신성한 것이요 똑같이 평등한 것으로 보았습니다.

5. 성경적 노동관

노동에 대하여 성경에서는 크게 두 가지로 나타나고 있습니다.

첫째는 하나님의 창조 사역으로 사람이 이 세상에서 마땅히 해야 할 일 혹은 의무를 뜻하며, 둘째는 하나의 저주로서 고통, 슬픔을 의미합니다.

성경의 여러 곳에서 노동에 대하여 우리에게 권고하는 것은 노동이 단순한 저주가 아니라 하나님의 신성한 명령이라는 점입니다. 창세기 2장에 보면 인간의 타락 이전부터 노동이 인간에게 부여된 임무임을 볼 때 노동은 근본적으로 하나님의 창조 사역에 대한 동참입니다. 노동이 인간의 다른 활동과 독립되어 있는 영역이 아니라 하나님의 창조 사업과 세계 구원의 일부분으로서 바로 하나님의 노동에 대한 반사인 것입니다. 창세기 1, 2장에는 인간의 죄가 없는 상태에서의 노동이 언급되어 있습니다. "땅에 충만하라"라는 말과 "땅을 정복하라"는 명령은 노동을 말하고 있습니다. 여기서 '정복'은 이질적이고 반항적인 힘의 정복을 뜻하는 것이 아니라 머리와 팔과 정력을 가지고 땅과 그 자원을 어떤 목적에 이바지하게 하라는 것입니다.

신약으로 넘어오면서도 노동에 대해 구약의 전통이 단절되지 않고 흐르고 있으며, 어떤 경우에는 새로운 관점을 제시하기도 합니다. 예수는 보잘것없는 노동 환경에서 태어났고 직접 노동을 했으며, 열심과 충실을 요구하고 있습니다. 그리고 노동의 목적과 의미는 현세에 있는 것이 아니라 미래의 세계에 있음을 강조하고 있습니다. 사도 바울도 그 자신이 천막 제조업에 종사하였으며, 데살로니가 사람들에게 보낸 서신에 보면 부지런히 일하라고 권하고 있습니다. 당시 사도 바울은 예수의 재림이 가까이 왔다는 것을 의심치 않았으며, 데살로니가 성도들에게 그리스도께서 다시 오실 때 일상적인 노동 생활에서 얼마나 조용히, 부지런히 일했는가를 보아 그가 성도들을 알아낸다고 하였습니다.

초대 교회의 교부들과 중세의 신학자들 그리고 종교개혁가들이 말한 노동은 필연적으로 그 당시의 사회적, 문화적인 제약을 받습니다. 현대 과학과 기술의 발전이 가져다 준 변화의 역사 속에서 인류는 전에 경험해 보지 못했던 비인간화에 직면하고 있으며, 인간의 실존과 공동체 생활에 위협을 주는 거대한 비인격적인 세력들이 나타남으로서 노동의 본질은 심각하게 흔들리고 있는 상황입니다. 우리는 성경에 근거하여 노동에 대한 새로운 기독교적 의미에 도달해야 합니다.

노동의 첫째 원칙은 하나님을 섬기는 일이고, 그것만이 경제적 기구 전체에 있어서 덕을 수호하는 것이 됩니다. 노동 규칙도 하나님을 섬긴다는 원칙에 의하지 않으면 안됩니다. 하나님의 창조작인 우주는 하나님의 손에 의하여, 그의 말씀에 의하여 된 것입니다. 이 사실은 하나님이 처음에는 노동자와 같이 손수 그의 뜻대로 창조하시고 원하시는 대로 질서를 유지하도록 하셨다는 것입니다. 창조 기사중 인간은 창조되었을 때 땅을 정복하고 만물을 지배하도록 명령을 받았습니다. 사회 생활을 유지시키고 인류를 보존하며, 인간의 영적 활동을 위해서 필요 불가결한 육체적

기반을 공급하며, 따라서 인간의 창조에 나타난 하나님의 목적을 실현하기 위한 수단으로서 노동의 의미에 대한 기독교적인 첫 번째 긍정인 것입니다. 노동은 하나님에 대한 책임과 인간에 대한 봉사라는 기독교적 삶의 의미가 이루어지는 상황 속에서 행해질 때 비로소 진정한 의미를 획득하는 것입니다.

인간의 노동은 하나님 자신이 사람을 위해서 일하심으로서 그 가치가 높아졌습니다. 히브리 사회에서는 일을 중히 여겨 '의인의 수고는 생명에 이른다'고 했으며 게으름을 멸시했습니다. 반면에 현대는 인간에게 일하지 않고는 살 수 없는 상황을 만들었습니다. 다시 말해 사람은 살기 위해서 먹어야 하며, 그가 먹는 양식을 위하여 노동을 해야만 하게 되었습니다. 이러한 경제적 압력이 게으름의 행동을 극복케 하는 것이라고도 할 수 있습니다. 그러나 사람이 일을 하여야 한다는 것은 먹고 사는 수단이라는 의미도 있겠지만 그것보다는 인간은 일을 해야 한다는 것이 하나님의 뜻이라는 면에서 더욱 의미가 있는 것입니다. 노동은 소위 자연법에 의하여 '주어진' 것입니다. 인간은 노동 없이 물질적, 정신적 욕구를 채울 수도 없고, 사람으로서의 직무를 다할 수도 없습니다. 노동은 인간에게 필연적 사실이라고 할 수 있습니다.

기독교적인 관점에서의 노동은 우리의 형제들에 대한 봉사와 분리될 수 없는 것입니다. 이러한 관점에서 노동은 고립이 아니라 공동체와 이웃에 대한 책임 속에서 존재하는 인간관을 가지게 합니다. 노동은 그것이 진정으로 봉사하는 것이 될 때에만 기독교적인 의미를 가질 수 있게 됩니다. 세이어즈(Dorothy Sayers)는 참된 노동은 '삶의 한 방식으로 여겨지고 인간의 본성이 적절하게 나타나며, 기쁨과 하나님의 영광을 성취하는 것으로 간주되어야 한다'고 주장합니다. 이렇게 함으로써 하나님의 형상으로 지음 받은 인간이 하나님이 하신대로 정말 가치 있는 일을 잘할 수 있는 것입니다. 모든 노동이 개인적인 특성을 소유할 수 있다고 가정하지 않더라도 사회가 창조적인 개인들의 활동이 없이는 존속할 수 없다는 것은 확실한 사실입니다. 새로운 분야를 개척하는 탐험가, 발명가, 사상가, 예술가, 창안자들이 없었다면 문명은 결코 발전할 수 없었을 것입니다. 문명의 발전에 앞장서 왔던 사람들은 알게 모르게 하나님의 창조 사역에 봉사해 온 자들인 것입니다. 인간을 공동체 내에 존재하는 자로 보는 기독교적 관점에 있어서, 일하는 모든 장소는 하나님의 창조적인 활동에 응답하는 인간의 능력을 최대한으로 발휘하는 곳이어야 합니다.

결론적으로 지금까지 말씀드린 노동에 대해 간단히 요약하여 말씀드리겠습니다. 고대사회가 노동을 천시하고 그 능력을 과소평가한 것은 하나의 커다란 비극이었습니다. 헬라 사람들은 육체 노동을 천한 것으로 보고, 인간의 품위를 저하시키는 일이라고 생각했고 중세에 와서는 육체의 노동을 천시하는 사상이 종교적으로 공인 받게 되었습니다. 그러나 이것이 루터와 칼뱅에 의해 종교개혁과 더불어 새로운 시대를 열어주었습니다. 즉 노동은 천한 것이 아니고 하나님의 명령이며, 하나님에 의해서 인간에게 주어진 직무요 인간 생활에 필요불가결한 요소로 보고 있습니다. 노동은 하나님의 창조 질서 속에 인간에게 부여한 생존의 조건이며 봉사의 방법입니다. 노동의 일차적 목적이 자기 개발과 증진을 통하여 문화적인 삶을 영위하는 것이라고 하여 타인에 대한 봉사적 동기를 무시한 다면 그것은 기만과 착취의 수단으로 악용될 수밖에 없습니다. 또한 그렇게 된다면 하나님께서 자연적 축복으로 설정하신 공존의 질서를 파괴하고 문란하게 하는 결과를 가져옵니다.

따라서 노동의 진정한 목적은 하나님과 이웃의 관계에서 이해되어져야 합니다. 자기의 생존 문제와 복지 증진의 한계를 뛰어넘어 하나님께 대한 응답과 이웃에 대한 봉사라는 입장에서 고찰되어야 한다는 것입니다. 그러므로 노동에 대한 성서적 이해는 하나님, 이웃, 자기 자신이라는 삼중적 관계에서만 올바르게 파악될 수 있습니다. 노동은 자기 자신의 생존이나 복지만을 위한 것이라고 생각해서는 안됩니다. 노동은 하나님이 우리를 부르사 그의 뜻을 받들어 섬기고 봉사하는 소명의 입장에서 이해되어야 합니다. 노동은 죄의 결과이거나 인간의 즐거움을 방해하는 것이 아닙니다.

우리는 하나님의 자연적 축복으로 주어진 이 노동을 비인간화하고 압제하는 고역의 멍에가 되지 않도록 해야 합니다. 특히 고도화된 산업사회인 현대 사회에서 인간소외와 가치관의 혼란이 팽배해지고 있습니다. 이런 현상이 노동 현실에도 그대로 반영되어 비윤리적인 노동조건, 저렴한 노임, 생산 증대에만 치중한 근로조건, 비윤리적 인권침해 등의 문제를 낳고 있습니다. 이러한 노동 현장에서의 비리는 노동의 올바른 개념 파악과 건전한 윤리의식이 결여된 데서 오게 되는 부산물입니다. 그러므로 교회와 그리스도인들은 노동의 성경적 본질을 깊이 자각하고 인간

생활의 합리적 발전과 전체 사회의 안정을 도모하기 위해서 신뢰와 인간성에 근거한 성경적 노동 윤리의 정착과 확신에 노력해야 합니다. 성경적 노동 윤리란 창조주 하나님으로부터 유래되고 예수 그리스도의 실천적 모범과 사랑에 바탕을 둔 것입니다.

인간의 모든 문명은 노동의 산물이며, 노동의 실상은 소명이므로 이제 이를 기피하거나 게을리 하는 것은 하나님의 속성에 기역하는 것으로 단정해야 합니다. 하나님의 형상대로 지음 받은 우리는 기쁨으로 노동해야 합니다. 사도 바울은 데살로니가 교회뿐만 아니라 현대 산업사회의 우리에게도 동일한 권면을 하고 있습니다.

"일하기 싫어하거든 먹지도 말게 하라."

영역별 사역의 표준화 사례

1. 예수는 메시야인가?

2. 십자가의 도

3. 부활의 도

4. 아들 됨 (SONSHIP)

5. 영적 세계

예수님은 3년의 공생애 대부분을 12명의 제자들과 함께 갈릴리 지역에서 보냈습니다. 제자들을 사랑하고 섬기고 가르치셨고 그들에게 자신의 사역을 위임하셨습니다. 그리고 '복음을 땅끝까지 증거하고 너희도 제자를 삼으라'고 당부하셨습니다. 오늘의 우리도 예수님의 제자가 되어야 하고 제자를 삼는 삶을 살아야합니다.

저 역시 40여년 대부분의 사역을 <제자 삼는 삶>으로 헌신해 왔습니다. 제자를 삼는 방법이 땅 끝까지 복음을 증거하고 하나님의 나라가 이루어지는 지름길이라 확신했기 때문입니다. 감사하게도 많은 형제 자매님들이 이 비전을 공유하며 저와 함께 훈련을 기쁨으로 감당해주었습니다. 이들은 사회의 각 영역에서 빛과 소금이 되어 하나님 나라의 확장을 위해 자신의 생애를 헌신해 주고 있습니다.

선교사, 목회자, 교사, 혹은 법조인과 사업가가 되었지만 자신이 먼저 예수님의 제자임을 잊지 않고 제자를 삼으며 제자의 길을 걷고 있습니다. 저와 함께 했던 모든 분들이 다 소중하고 귀한 예수님의 제자들이지만 지면 관계상 몇 분에게만 부탁해서 지금 자신이 일하는 영역에서 어떻게 제자의 삶을 살고 있는지 소개하도록 했습니다.

영역별 사역의 표준화 사례 - 교육계

제자에게 꿈을
교사에게 소명을
교육에 희망을

홍 세기 총장

"아프리카에 가 있는 한국 선교사가 자녀 교육이 어려워서 쩔쩔매고 있습니다. 교사가 필요합니다. 여기 있는 선생님들 중 그런 일에 헌신할 분 일어서세요. 선생님들이 선교지의 선교사 자녀 교육은 책임질 수 있어야합니다"

초등학교 교사들 모임인 <교사선교회> 수련회에서 강사 목사님은 이와 같은 도전을 했고 그 때 나는 벌떡 일어섰습니다. 이미 예수께서 속죄와 새생명을 위해서 우리에게 모든 것을 주셨으니, 나 역시 그분이 원하는 삶을 살아야한다고 결심하고 이미 펑펑 울며 기도를 드리고 난 후였기 때문입니다.

사실 내 친구들이 대부분인 인천교대 기독교 동문 모임은 겨우 명맥을 유지하고 있었는데 우리는 1986년 겨울 수련회에서 성령의 뜨거운 은혜를 체험했습니다. 수련회 이후 강사였던 강보형 목사님을 찾아가 우리를 양육시켜 달라고 간청을 했습니다. 목사님은 기다렸다는 듯이 우리를 맞아주셨고 이후 만나서 성경공부를 할 때마다 성령께서 깨닫게 하시고 가르치시는 역사를 경험했습니다.

'교육계를 당신들이 책임져야한다'는 도전을 받으며 열심히 훈련을 받았고 그 열심은 감히 말하건데 성령의 인도하심에 따라 자발적이고도 헌신적이었습니다. 낮에는 학교 근무를 하고 야간에는 대학을 다니고 주말에 시간을 내어 하는 훈련이었지만 늘 기쁨과 소망이 있었습니다. 성경 읽기, 암송, 기도, 묵상, 참고서적 읽고 후기쓰기, 그리고 양육 말기에 함께 공부했던 신학서적과 헬라어 공부까지 거의 매일 잠을 줄여가며 눈이 벌개지도록 제자훈련에 매달렸습니다.

훈련을 받음과 동시에 다른 교사들을 훈련시켰습니다. 제자들인 아이들에게도 성경을 가르쳤고 내가 가르치는 학급 아이들 수십 명은 '어린이 제자훈련'에 참석했습니다. 야간대학 공부를 마친 다음 해에는 모교인 인천교육대학을 찾아가 후배인 학생들을 양육하며 모임을 이끌었습니다. 다른 사람이 보기에 참으로 광적인 신앙 생활이라고 할 수 있겠지만 나는 그 기간의 삶이 힘들다는 생각을 하지 않았습니다.

나와 친구들은 어떻게 하면 교육계를 복음으로 변화시킬 수 있을지 기도하면서 '교사 선교대회'를 개최하기도 하였고 어린이를 대상으로 하는 '디모데 캠프'도 시작했습니다. 당시 시작된 어린이와 중고생을 대상으로 한 리더훈련은 30년이 지난 지금도 여름과 겨울, 우리나라 지역 곳곳에서 열리고 있습니다. 1년에 열 명만 제자를 만들어 내고 싶다는 나의 열망은 제자화된 후배 교사들을 통해서 지금은 해마다 수 백 명의 제자들이 양육되고 있습니다.

2000년대 초반부터 우리 교사들 모임에서는 '기독교적 세계관과 교육'이라는 새로운 도전이 있었습니다. 교육계에서 교사와 학생 그리고 예비 교사들을 제자로 양육 할 뿐 아니라 교육 자체를 기독교적으로 변화시켜야한다는 새로운 인식을 받아들이고 우리가 하고 있는 교육에 대해서 연구를 시작했습니다. 드디어 2011년, 금산에서 <별무리학교>라는 대안학교를 시작하며 기독교교육을 실천하기 시작했습니다.

기윤실 교사모임으로부터 1998년 시작된 <기독교사연합 운동>에 우리 모임도 참여하여 지금까지 함께 하며 대한민국 교육을 바람직한 방향으로 움직여가고자 함께 노력하고 있습니다. 이 기독교사들 모임은 2년에 한 번씩 기독교사대회를 여는데 대략 1,600여명의 교사들이 모이고 있습니다. 기독교적 교육정책 개발, 기독교적 교사연수, 지역모임, 월간지 발행 등을 통하여 바람직한 교육이 무엇인지 모색하는 연합 모임으로 발전해 있습니다.

<교사 선교회>의 활동과 기독교사 연합 모임의 저변에는 '교육계는 교사들이 책임져야한다'는 아브라함 카이퍼의 영역주권설이 깔려있습니다. 30여년전 제자훈련을 받을 때 이 영역주권설에 관한 이야기를 들은 일이 있었습니다. '은혜 받은 사람들이 다 목회를 할 것이 아니라 자신의 부르심의 영역에서 하나님의 나라를 이루어야 한다'는 가르침이었습니

다. 나는 그 이후 영원한 평신도로서 교육계에서 일할 것을 다짐했고 장소와 대상은 다르지만 그 때 하나님과의 약속을 지키고 있습니다.

매우 소극적인 삶을 살면서 자학에 가까운 자기 인식을 가지고 있던 나에게 '만인이 제사장'이며 기독교인의 모든 삶이 예배일 수 있다는 가르침은 충격적인 것이었습니다. 내가 교육계의 제사장이라는 말씀을 배우며 동시에 성령께서 역사하시는 현장을 경험하면서 나를 누르고 있던 많은 것들로부터 해방되었습니다. 그리고 이후 하나님은 한 번도 약속하신 말씀을 어기신 일이 없습니다. '그러므로 가서 모든 족속으로 제자를 삼아... 볼찌어다 내가 세상 끝날까지 항상 너희와 함께할 것이다'

대여섯 명의 제자 훈련으로 시작된 교사모임은 현재 전국적으로 확산되었고, 해외 여러 나라에 선교사를 파송하였으며 겨울이면 600명 정도의 교사들이 모여서 3박 4일의 겨울 수련회로 새로운 다짐을 하고 있습니다. 특별한 경우가 아니면 외부 강사를 모셔오지 않는데 교사인 우리 스스로 영적으로, 경제적으로, 교육적으로 독립하여 우리 스스로를 성장시키며 사역해가야 한다는 생각 때문입니다.

교사선교회의 사역 범위가 넓어져서 나는 아프리카에 와 있습니다. 처음 부르신 그 부름에서 30년이나 지난 후에야 아프리카 땅을 밟고 서 있지만 나는 하나님과의 약속을 늘 의식하고 있었고 지금 그 약속의 땅에서 사역을 이어가고 있습니다. 결핍된 것이 너무나 많아서 고통스런 경우가 많지만 이들과 함께 이 곳에서 살고 있는 것 자체가 '성육신'적 선교라고 생각하고 있습니다.

우리는 지금 하나님의 말씀과 성령의 실제적 역사, 그리고 개척을 위한 야성으로 무장했습니다. 연약하기만 했던 교사들의 공동체가 오늘까지 세대를 넘어 역사를 이루어 나가고 있는 것이 감사할 따름입니다. 목적하던 교육 선교가 우리를 통해서 얼마나 이루어졌는지 알 수는 없지만 우리는 여전히 교육계에서 그 길을 걸어가고 있습니다. 열매는 주께서 거두실 것입니다.

홍 세기 총장

교사선교회(TEM) 회원으로 제자선교회를 통해 1986년부터 1988년까지 약 3년동안 제자훈련을 받았다.

서울에서 교사를 하던 부부(아내 강학봉 선생)가 서울 인천지역에 재생산의 사역자들이 많아지자 부산으로 내신을 내서 부부는 전근을 갔다.

1992년에 부산으로 임지를 옮겨 부산 교육대학 학생들과 교사들을 주님의 제자로 삼고 진주 후세대(현 G.T) 교사들을 주님의 제자가 되도록 섬겼다.

부산,진주,대구 지역에 사역자들이 많이 세워지자 1998년 파푸아뉴기니 선교사 자녀학교에 교사선교사로 지원해 교사 선교사로 교육선교의 길을 개척했다. 이후 2005년 한동대학 부설 국제학교 교장으로 초빙되어 학교의 기틀을 닦는 일에 하나님께서 다니엘처럼 사용하셨다.

한동 국제학교를 견고히 세우고 난 후 하나님은 2009년 한국선교사 자녀들을 교육하는 필리핀 마닐라 한국아카데미 교장으로도 일하게 하셨다.

(사) 교사선교회에서 세운 별무리학교를 설립하는데 위원장으로 수고하고 지금은 우간다에 선교사로 파송되어(2018) 쿠미대학교(Kumi University) 총장으로 섬기고 있다.

영역별 사역의 표준화 사례 - 교육계

'선한교육' 재생산 제자훈련

현 혜정 대표

재생산 제자훈련을 만난 지 벌써 10년이 되었습니다. 10년 전 저는 '교직 자선교회'라는 기독교사 단체에서 실무 리더를 맡고 있으면서 기독교사들의 양육의 길을 찾고 있었습니다. 처음 재생산 제자훈련을 접하며 이제까지 알아온 제자훈련과는 다른 정신이 있음을 알 수 있었습니다. 내가 배워 자라남도 중요하지만 배운 바를 다른 사람에게 가르쳐 그를 내 어깨 위에 세운다는 것은 매우 신선한 충격이었습니다. 나의 좋지 않는 습성 중에 내 마음에 드는 사람들만 만나려는 경향이 있었는데 하나님께서는 함께 하고 싶지 않은 사람을 양육하게 하는 경험을 통해 나의 잘못된 사고를 완전히 뒤집어 놓으셨습니다.

여러 강의에서 새로운 은혜들을 받았지만 특별히 '말씀하시고 이루시는 하나님'을 듣고 하나님의 말씀하심에 귀를 기울이는 기도와 삶에 힘쓰게 되었습니다. 말이 둔하고 자신이 없었던 제가 하나님께서 말씀하신 것처럼 우리도 말할 수 있다는 사실을 믿고 성령께서 말하게 하심을 따라 말하게 되면서 함께 한 아이들이 변화되고 주변 사람들이 영향을 받는 것을 볼 수 있었습니다. 처음 시작은 다른 기독교사들의 양육을 위해서였지만 나 자신에게 큰 변화를 주신 하나님께 감사를 드립니다.

그 동안의 사역을 돌아보면 처음 2년 동안은 강한 리더훈련을 통해 10여 명의 리더들이 세워졌습니다. 그 후 자체 커리큘럼을 만들고 광주지역부터 훈련을 시작해 전주, 목포, 순천지역 등으로 확산해 나갔습니다. 재생산 제자훈련의 정신을 담아 '디딤돌' 훈련으로 명칭을 정하고 필요한 4권의 성경공부 교재와 12개의 강의안을 정리하였습니다. 리더들을 계속 세워가기 위해 제자훈련을 마친 사람 중에서 사역자 훈련을 받게 하고 사역자 훈련을 마친 교사들이 강의를 하도록 하여 강사진을 확보했습니다. 20여명의 강사들이 더 세워지면서 새로운 팀의 리더로 섬기거나 어디든지 강의가 필요한 곳은 달려가 강의를 하게 되었습니다. 수업이 끝나고 지친 몸으로 시외까지 가서 강의를 한 후 돌아오는 밤길에 몸은 무척 피곤했으나 마음은 기쁨으로 충만했던 기억이 납니다. 3년 전부터는 교사 뿐 만아니라 학생들도 재생산 제자양육을 하도록 커리큘럼을 만들고 성경공부 교재를 만들었습니다. 학생들의 제자 양육이 쉽지 않은 시대여서 교사들만큼 놀랍게 번져가지 못한 점이 지금도 많이 아쉽습니다. 개인적으로는 중학교 1학년 때 담임으로 만나 기독학생 모임에 오던 아이를 고등학교 때 양육하여 친구 두 명을 재생산 해나가는 모습을 볼 수 있었습니다. 지금은 기독교사가 되겠다고 사범대를 다니고 있습니다.

그러던 중 '교직자선교회'는 EFG 중에 '선한 일'을 하는 곳이 되기 위해 '선한교육'으로 이름을 바꾸고 사단법인이 되었습니다. 3년 전 저는 공교육의 한계를 느끼며 몇 분의 선생님들과 새로운 기독교교육을 위해 기독교학교를 세워 고군분투하고 있는 중입니다. 재생산 제자훈련의 정신으로 한 아이 한 아이를 내 어깨위에 세워 그 아이들이 다른 이들을 돕고 세상을 바꿔가길 기도하며 나아가고 있습니다. 또한 이런 학교가 여기서 끝나지 않고 재생산되길 바라는 마음으로 준비하고 있습니다. 큰 건물을 가지고 비싼 학비를 내는 학교가 아닌 교회 자체적으로 운영할 수 있는 소규모 학교가 여기저기 재생산 되어지길 기도합니다. 그럼으로 죽어가는 다음 세대들이 살아나고 깨어나길 간절히 소망합니다.

한 혜정

산아래학교 부교장

(사)선한교육 디딤돌 제자훈련 대표

영역별 사역의 표준화 사례 - 교육계

제자가 되다. 제자를 삼다.

오 정수 교수

청년의 시기인 1985년, 제자선교회가 활발하게 제자양육사역을 하던 시절에 저는 아내와 함께 <제자선교회>를 만나고 예수님의 제자가 되어 선교 사역에 참여하게 되는 은혜를 입게 되었습니다. 청년기의 내면적 갈등을 겪은 후 당시 격동하는 시대적 변화의 흐름 속에서 20대에 예수님을 만나고 신앙의 길로 들어선 저는 제자의 삶을 통한 새로운 삶의 비전을 선교회를 통하여 발견하고 대학의 캠퍼스로 가게된 것은 작은 자를 부르시는 하나님의 은총과 소명이었음을 고백하게 됩니다.

'우리 시대에 주님께서 다시 오시게 하자'는 제자선교회의 정신은 역동적인 제자훈련과 선교한국의 강력한 동력이었던 것으로 생각됩니다.

1989년 부산의 한 대학에서 교수로 임용이 되어 부산 수영로 인근의 주택에 거처를 정하고 출석한 한소망교회(당시 김순성 목사 담임)에서 대학부를 맡아 지도하면서 부산 지역의 제자 사역에 직접 참여하게 되었습니다. 일주일에 2회 정도의 그룹제자훈련과 여름과 겨울의 컨퍼런스를 통해 주님의 제자되는 삶을 청년들과 함께 훈련하던 것이 기억에 새롭습니다.

1993년 영국의 Univ. of Birmingham으로 Post.Doc과 방문교수로 다녀온 후 1995년부터 대전의 충남대학교로 직장을 옮기게 되었습니다. 대전에 온 후 대학생들을 중심으로 한 기도와 성경공부모임이 지속되었고, 곧 충남대학교기독교수회의 총무와 회장을 맡아 캠퍼스선교에 헌신하게 되었습니다. 매주 화요일 모이는 교수기도모임의 열매로 동료 기독교수들과 2006년에 캠퍼스내 대학교회를 설립하였습니다. 이 교회는 충남대학교에 재학하는 학생 중 기숙사에 머무르는 타 지역학생들에게 예배와 신앙 훈련의 장이 되었고 현재 100명 이상 출석하는 교회(현재 동료교수 임국형 목사 담임)로 성장하였습니다.

2010년 전후에는 한국의 경제발전과 함께 국내로 유입되는 외국인 유학생이 급증하는 현상이 나타났습니다. 현재 한국에는 13만명의 외국인 유학생이 들어와 있고 충남대학교에도 1,300명이 넘는 외국인 유학생들이 재학하고 있습니다. 이러한 새로운 선교적 상황의 변화 속에서 국내의 여러 캠퍼스에서 교수가 중심이 되어 개척하고 운영하는 외국인유학생교회 설립의 흐름이 나타났고 저도 이 변화의 흐름에서 강력한 선교의 부르심을 받게 되었습니다. 2013년부터 기도와 함께 개척이 준비되었고, 성령의 강권적 역사로 2014년 3월에 캠퍼스 정문 앞에 글로벌비전센터의 명칭으로 충남대국제교회를 설립하게 되었습니다.

설립예배 이후 글로벌비전센터를 통하여 외국인 유학생선교에 관심을 가진 동료 교수와 외국인 유학생, 지역의 관심있는 성도들이 모이게 되었습니다. 매주 11시 주일예배와 성경공부를 통하여 신앙을 배워가는 유학생들은 예수님의 생명과 은혜로 제자화하는 삶을 살게 되었습니다. 매년 1회 침례(세례), 성찬식(연3~4회)을 통하여 예수 그리스도에 대한 신앙 고백을 하고, 지금까지 많은 유학생들과 국내외 학생들이 복음을 듣고 예배에 참여하였으며 유학생초청잔치, 미얀마단기선교 등을 통하여 많은 유학생들과 국내외 선교현장에서 예수님의 생명과 사랑을 전하고 있습니다.

2019년에는 충남대에서 제34회 전국대학교수선교대회(2019.6.27.~29)를 유치하여 준비위원장으로 섬기면서 캠퍼스선교의 새로운 시대적 소명에 참여하게 되었습니다. 현재는 전국대학교수선교연합회 수석부회장으로, 2020~2021년에는 차기 회장으로 섬기게 되었습니다. 저는 이제 교수로서 부름을 받은 소명에 정년퇴직을 일년 반 앞두고 있습니다. 퇴임 후에는 예수님의 제자로 훈련된 제자들이 예수님의 생명을 담은 작은 민들레홀씨가 되어 생명의 씨가 날아가 뿌리내리는 곳마다 아름다운 생명의 열매를 맺게 될 것을 기대하며 어느 곳이든 주님의 부르심이 있는 곳에 그들과 함께 선교에 협력하게 되기를 소망합니다.

선교는 이제 해외로 보내는 선교와 국내의 외국인선교를 포함하여 전면적이고 총체적인 선교가 일어나고 있는 것을 목도하는 시대가 되었습니다. 다가오는 예수님의 재림과 하나님나라의 완성을 위한 길을 놓아가는 부르심에 제자선교회를 통하여 처음 부름을 받아 지금까지 이 일에 참여하는 은총을 주신 주님께 감사를 드립니다. '마지막 달려갈 길을 마치려 함에는 나의 목숨도 아끼지 않노라'고 하신 바울의 고백을 새겨봅니다.

오정수 교수

충남대학교 사회복지학과 교수(1995~2019년 현재)

부산여자대학교(현 신라대학교) 교수(1989~1994)

미국 Univ. of Washington(2001), 이스라엘 히브리대학교(2010) 방문교수

제자선교회 부산지부-지역대표간사(1989~1992)

충남대학교 기독교수회장(2005~2006)

충남대학교교회(캠퍼스내) 개척(2006.5)과 사역(~2014)

충남대학교국제교회(Global Vision Center) 개척(2014.3) 및 외국인유학생 선교사역(~2019.12. 현재)

이스라엘내 사회봉사단체 NGO AMIKO. 이사(2011~현재)

제34회 전국대학교수선교대회 준비위원장(2018.9~2019.6)

전국대학교수선교연합회 수석부회장(2019~2020) 및 차기회장(2020~2021)

영역별 표준화 사례 - 법조계

오늘 내가 사는 이유

박 영목 변호사

하나님은 왜 나를 만드셨을까요?
내가 존재하는 이유는 무엇일까요?
그것이 없다면 내 삶의 의미가 없어지는 그것은 무엇일까요?
오늘 내가 사는 이유는 무엇입니까?

저는 1992년 다니던 은행을 퇴직하고 신림동 고시촌에 들어가 고시공부를 시작했습니다. 은행에 다닐 때 직장 신우회의 리더였고, 고시촌에 들어가자 마자 고시생 기도모임을 만들었지만 지금 생각해 보니 고삐 풀린 망아지, 불다 놓친 풍선, 뿌리 덜 내린 나무 같았습니다. "노동이 예배다"라는 충격적 말씀을 듣기까지 말이죠. "빨래 하는 것도 예배가 될 수 있고 군대 생활도 예배가 될 수 있다"는 말씀으로 시작한 고시생 시절의 제자훈련은 제 신앙의 깊고 튼튼한 뿌리가 되었습니다.

지금 저는 변호사로 일하고 있습니다. 하나님이 보내주시는 지극히 작은 자를 놓치지 않고 법률전문가로서 도움을 주기 위해 노력합니다. 또 저는 문화 사역자로 일하고 있습니다. 올마이티바이블이라는 청소년을 위한 한영만화성경을 제작하였고 이를 기초로 유튜브에 올릴 재미있는 성경 콘텐츠를 준비 중입니다. 또한 시네마서비스의 대표로 선한 영향력있는 영화를 만들려고 노력하고 있습니다.

하나님은 나를 사랑하시고 나로부터 사랑을 받으시려고 나를 만드셨습니다. 내가 존재하는 이유는 하나님과 이웃을 사랑하고 하나님과 이웃으로부터 사랑 받기 위합니다. 나는 사랑하고 사랑 받지 않으면 삶의 의미가 없습니다. 오늘 내가 사는 이유는 서로 사랑하기 위함이라 믿습니다.

"새 계명을 너희에게 주노니 서로 사랑하라 내가 너희를 사랑한 것 같이 너희도 서로 사랑하라 너희가 서로 사랑하면 이로써 모든 사람이 너희가 내 제자인 줄 알리라"

제자선교회 설립 40주년을 맞이하게 하시고 당신의 뜻을 이루어가실 주님께 감사 드리고 주님만을 찬양합니다. 1992년 제자훈련을 받은 지 27년이 되면서 다른 기억들은 점차 사라져가지만 하나님의 말씀만은 더욱 또렷해집니다.

오늘도 저는 변호사와 문화사역자로서 예배를 드립니다. 변호사로 법조계에 공의와 정의가 하수처럼 흐르게 되길 기독법조인들과 함께 연합사역에 힘쓰며, 문화사역자로 하나님나라의 메시지가 녹아있는 작품을 창조하며 '서로 사랑하라'는 주님의 계명을 지키겠다고 기도합니다.

하나님,
저의 이 선택을 축복하소서.
저를 불쌍히 여기시고 성령님 도와 주소서.
예수님 안에서 기도합니다.

박영목

서울대 법학과. 법무법인 신우 변호사.
올마이티 바이블 대표.
(주) 시네마 서비스 대표이사
BME(Bussiness Mission Enterprise) 대표

영역별 사역의 표준화 사례 - 노동계

선한 교육의 꿈

권 상훈 장로

2010년 여름은 제가 섬기는 선교단체가 세대 교체의 문제로 고민하던 때였습니다. 어떻게 하면 차세대를 잘 세울까에 노심초사 하던 때라 EFG 강의는 나의 정신을 번쩍 들게 하였습니다.
제자훈련에도 학교의 학년제처럼 계단이 있어 그 단계의 수준으로 통일할 수 있다는 말씀이 나에게는 새로운 관점이 되었고, 우리 선교단체에도 적용해야겠다는 마음을 먹게 되었습니다.

먼저 기본과정 디딤돌(제자들의 디딤돌이 된다는 의미) 12주 훈련과 사역자훈련 12주 등, 총 24주로 된 커리큘럼으로 훈련을 받았습니다. '영적세계와 자연세계' 강의를 통해 올바른 세계관을 정립하고, '사랑의 특권', '영적법칙' 그리고 '아들됨'<SONSHIP> 강의를 통해 하나님 자녀로서의 정체성을 확립할 수 있었습니다.

또한 '일, 최고의 축복, 최고의 사명' 강의를 통해 직장이야말로 하나님의 복을 누리고 나누는 축복의 장소임을 깨닫게 되었고, '부활'과 '메시아관', '성령 충만' 그리고 '마지막 소망'의 강의들을 통해 우리들의 신앙이 더욱 고양되고 충만해 질 수 있게 되었습니다. '말씀하시는 하나님과 말하는 아들들' 강의를 통해서는 우리들 속에 임재하시는 하나님께서 또 다른 아들들을 위한 교육인 제자훈련이야 말로 우리를 향하신 하나님의 소망이시고 우리들의 마지막 소명이라는 것을 절실히 깨닫게 되었습니다.

이제 우리 단체의 이름도 '교직자 선교회'에서 '선한교육 EFG'로 바꾸면서 활동 범위를 학교라는 범주를 뛰어 넘어 모든 교육의 영역에서 하나님의 선한교육으로 모든 사람을 구원(E)해서 양육(F)하여 하나님의 선한 일(G)을 하는 하나님 중심의 사람을 세우는 일을 하고자 합니다.

학교에서는 선생님을 EFG교사로, 학생을 EFG아이로, 그리고 학부모를 EFG부모로 세우고, 교육 기관에 종사하는 모든 분들을 제자훈련을 하고자 합니다. 그들을 통해 모든 사람을 '자기 중심의 사람'에서 '하나님 중심의 사람=EFG인=예쁜사람'으로 변화시켜 하나님 나라를 이루는 것이 저희 선한교육(Education For Good)의 꿈입니다. 광주에서 시작된 제자훈련은 지방으로 확산되어 목포지역 전주지역 순천지역 강진 등에서 영역 사역을 감당하고 있고 몇 몇 지체들은 모든 족속을 제자 삼으라는 주님의 지상 명령을 따라 교육 선교를 감당하고 있습니다. 10년, 20년 후 북한에도 아프리카 중동에도 하나님의 계명과 율례를 가르치고 행하는 사람들이 물이 바다를 덮음 같이 일어 나기를 바라봅니다.

권상훈 장로

호남지역에서는 교육계의 대부로 꼽힌다.

서울대학교를 졸업한 후 교육계에 헌신하여 전남 조리과학고등학교 교장(2004-2008년)으로 은퇴한 후에 (사)선한교육 초대 이사장(2014-2018년)으로 섬겼다. 교사들을 EFG 디딤돌 사역으로 양육하여 재생산하고 <새날 다문화학교>와 <산아래 학교>에서 후배들의 울타리가 되어 주고 있다.

70이 넘는 연세임에도 교사들을 재생산 하느라 수고하고 계신다.

영역별 사역의 표준화 사례 - 노동계

노동계에 하나님의 나라를 세우라

양 희권 장로, 안 태호 현대차노조대의원

<현대자동차기독신우회>가 세워진 지 30년이 넘었습니다. 14개 지회와 연합회로 성장해서 몸집은 커졌지만 오랫동안 행사와 친교 중심의 모임이었습니다. 신우회원 소수만 모여 예배나 모임을 갖고 있었을뿐 기독교 세계관에 입각한 직장인의 모범이라든지 노동 운동에 대한 성경적 관점을 정립하지 못하고 있었습니다.

이런 신우회의 무기력함을 깨닫고 임원들이 모여 기도하기 시작했습니다. 직장에서 제자의 삶을 살아가고 영혼을 구령하여 세상을 변화시켜야 된다는 결론을 얻게 되었습니다. 우리를 지도하고 훈련 시켜줄 분을 기도하며 찾는 중에 하나님께서 강보형 목사님을 보내 주셨습니다.

마침 목사님께서는 사회 각 분야별 영역 사역에서 전략적으로 사역하는 열매와 경험을 가지고 계셨습니다. 미국 실리콘벨리에 계시면서 북미주 CBMC 지도목사로도 섬기신 오랜 경험과 우리의 기도는 목표와 뜻이 같았습니다. 그렇게해서 저희 <현대자동차직장기독신우회> 지도 목사님으로 모시게 되었습니다.

2015년에 시작한 제자 사역 훈련은 처음 임원들 1기생 11명이 목사님을 통해 제자 사역 훈련을 받았습니다. 매 주일 오후 6시에 시작한 훈련은 10시가 넘어서야 끝나는 강훈련이었지만 우리는 충격과 감격 그 자체였습니다. 특히 사역자반에서 칼 마르크스의 <자본론> 강의를 들으면서 인본적으로 노동운동하는 사람들의 의식 세계와 허구성을 알게 되었습니다. 1850년대 마르크스와 엥겔스의 자본론이 나오게된 시대적 배경과 그런 사상을 복기하면서 우리의 싸움이 혈과 육에 대한 싸움이 아니라는 것을 확신하게 되었습니다. 하나님의 구속사로 역사를 보는 것이 아니라 모든 역사를 계급투쟁의 역사와 유물론적 역사 이론으로 볼 때 필연적으로 따라오는 자기 모순과 폭력의 끝없는 고통을 알게 되었습니다. 마르크스의 이론이 독일 관념론적 철학(헤겔) 과 프랑스 사회주의 (생시몽,프리에 등) 영국의 정치 경제학(아담 스미스,리카도)에 뿌리를 두고 있되 정작 그들의 사상 중에서 아담 스미스의 도덕 감정론 같은 것은 묵살하는 편협한 사고 방식이라는 것을 알게 되었습니다. 이런 사상이 찰스 다윈의 진화론과 결합하고 무신론적 과학주의와 연합해서 우리를 에워싸고 있음을 알게 되었습니다.

인문학 독서는 우리의 양식이며 병기가 되었습니다. 성경의 검을 더 예리하게 만드는 일반 은총의 보너스였습니다

2019년 현재 6기생까지 제자 사역 훈련을 수료한 인원이 70여명이며 이들이 각 공장으로 흩어져 자신이 속해 있는 영역에서 배운 대로 복음을 전하며 제자 삼는 일에 헌신을 하고 있습니다.

10가지 성경주제 강의는 훈련을 받는 자들 모두에게 큰 도전과 은혜와 결단을 갖도록 하였습니다. 성경 말씀에 대한 오해와 편견을 바로 알게 되었으며 말씀으로 복음을 전하는 지식과 지혜를 배우게 되었습니다. 기독교 문화를 만들고 전하기 위해 믿는 자들이 섬김과 본이 되는 실천적 삶을 살아야함을 말씀속에서 드러내 주셨습니다.

특별히 '아들됨'(sonship)과 "십자가의 도" "부활의 도"에 대한 말씀 해석은 기존에 알고 있었던 말씀보다 더 구체적이고 세밀한 가르침이었습니다. 모두에게 자신의 정체성과 소망의 기쁨이 확실하게 확인되었습니다. 지금의 회원들은 자신들이 속해 있는 현장에서 동료들에게 복음을 전하고 있습니다. 또한 신우회를 통해 전도하고 교회로 인도한 구원의 열매들이 견고히 보존되도록 기도하고 있습니다.

이제는 더 구체적인 사역을 위해 1기 - 6기생 수료자들이 뜻을 모아 직장제자 비젼팀 조직을 2017년에 새롭게 구성하여 30여명의 회원들이 회비를 자동 이체하여 매년 시작하는 새생명전도행사, 각 지회 전도행사와 양육에 필요한 후원금을 지원하고 있습니다.

제자 사역 비젼팀 자체 사역으로 미자립 교회와 농촌 지역 교회를 방문합니다. 제자사역훈련에서 받은 내용을 기초로 현장에서 사람들을 만나고 각 가정을 방문하여 복음을 전하는 사역을 실천하고 있습니다. 각 지회에서 전도 행사를 통해 신우회 예배에 초청 되어 회원이 된 분들은 훈련과 양육을 별도로 받을 수 있도록 하고 있습니다.

 이제는 <현대자동차직장신우회>가 앞으로 나아갈 방향성을 바로 알고 선택과 집중에 실수가 없도록 하고 있습니다. 5332 운동을 목표로 삼아 연합회를 중심으로 각 지회와 제자사역비젼팀에서 기도하며 힘쓰고 있습니다.(5: 50% 복음화, 3: 매일30분 기도하기, 3: 1년에 3명전도, 2: 2명을 제자 삼기)

이제는 2020년을 기대하며 계획을 세운 사역을 위해 각 공장마다 매일 점심시간 40분 중에 20분을 찬양과 중보기도를 드리는 운동을 하고 있습니다. 또 현장을 심방하여 교제와 격려로 전도하고 신우회 예배에도 모두가 드리도록 섬기고 있습니다.

신우회원들은 일이 예배라는 것을 주위에 알리고 비정규직을 배려하고 격려해서 약한 자를 섬기고 친구가 되어주라는 목사님의 협박(?)에 우리도 기쁘게 동참하고 있습니다. 노동운동에도 지혜롭게 참여하여 회사와 노조가 대립하지 않으면서 생산성을 높이는 운동의 본을 보이고 있습니다. 목사님은 회원들이 노동운동에도 케스팅보드가 되도록 대의원이나 노조 집행부에도 열심히 참여하여 빛과 소금의 역할을 하라고 우리를 독려하십니다. 앞으로 5년, 10년 후 후배들이 이 사역을 잘 감당하도록 우리는 초석이 되어지고 더 나아가 현대 자동차를 생산하는 외국 공장에도 이 사역이 확장 되어지길 기도하며 한 걸음씩 순례의 길을 걷고 있습니다.

<현대자동차기독신우회>와 직장사역비젼팀이 하나 되어 많은 영혼을 구원하여 믿는 무리가 더해지고 제자의 수가 많아지길 기대하며 북한과 아프리카 오지에도 귀한 은혜의 해가 떠오르길 믿음으로 바라봅니다. 믿음으로 바라보면 실상이 되리라 믿습니다!

양희권 장로 - 현대자동차 기독 신우회 직장 사역 비젼팀장
안태호 - 현대자동차노조사회연대강화실장, 대의원

영역별 사역의 표준화 사례 - 비즈니스와 노동계

비즈니스와 노동계에
공의와 인자를 꿈꾸며

김 중성 장로

1990년 현대자동차 임원(상무)으로 일할 때였습니다. 직장에서는 남들이 부러워 할 만큼 승승 장구하고 있었지만 마음 한구석에 허전함과 무언가 알지 못하는 목마름이 있었습니다. 당시 12명의 사업가들이 부부가 함께 모여 성경을 공부하는 모임에 참여하고 있었습니다.

'영적 세계와 자연 세계' '아들됨'(Sonship), '마지막 소망' 등의 강의와 성경연구 프로그램이 2년 이상 진행되었습니다. 나의 세계관을 정립하고 삶의 목적을 세우는 솔개의 하프타임 같은 혁신이었습니다.

현대자동차에서 내가 맡은 일은 회사측과 노동자들과의 관계를 이끌어 가는 것이었습니다. 전문 노동운동을 하는 사람들과 때로는 백마고지의 고지전 같은 양상일 때도 있었습니다. 일부는 왜곡된 자본론으로 쇠뇌되어 있는 사람도 있었습니다. 당시 기술도 자본도 없는 나라에서 현대기술 산업의 결정체라는 자동차 산업은 외줄을 타는 형편이었습니다. 독일, 미국, 일본의 100년이 넘는 축적된 기술력과의 경쟁은 철옹성 앞에서 단창으로 맞서는 기분이었습니다. 그러나 물러설 수도 없는 것은 자동차 산업의 매력 때문이었습니다. 연관 산업에 미치는 생산 유발 효과와 고용 창출은 선진국에 진입하기 위해서는 반드시 넘어야 될 산이었고 국가적 과제였습니다. 사실 한국은 가마문화에서 마차 (바퀴) 문화를 그냥 지나 자동차 문화로 건너뛴 상황이었습니다. 1945년 해방을 맞이했지만 각 분야의 기술력 뿐만 아니라 노사관계에 대한 식견은 유아기적인 어설픔이었습니다. 서구나 일본은 산업 혁명을 통해 오랫동안 시행착오를 겪으며 노사 관계를 확립해 왔습니다. 우리에게는 마치 먼 산위에 걸친 구름 같았습니다.

저는 몇 년 동안 노사 관계를 책임지는 자리에 있으면서 노와 사 사이에서 진통과 말못하는 고통을 겪었습니다. 그런 과정중에 <성경적 노동관>을 배우게 되었습니다. 루터의 주장대로 만인이 제사장이라는 의미는 '평신도도 하나님께 직접 나아가 예배할 수 있다'는 말일 뿐 아니라 모든 직업이 사제직이라는 '직업 소명론"으로 적용되어야 됨을 알게 되었습니다. 노동을 투쟁의 수단으로 보는 것과 신에게 예배드리는 것으로 보는 시각은 하늘 차원과 땅의 차원이었습니다. 하루 아침에 가르치고 바꿀 수는 없었지만 적어도 나의 태도는 노동자들도 귀히 여기고 그들도 신에게 제사를 드리는 제사장처럼 존귀하게 대할 수 있었습니다. 그 후 하나님께서는 저를 현대차 부사장. 기아자동차 부사장으로 일하게 하셨습니다. 기아자동차는 직책은 부사장이지만 사장은 오너가 맡았고 회사를 총괄하는 부사장으로 세우셨습니다. 저는 부족하지만 요셉처럼 모든 책임을 지고 기아자동차를 인수하고 운영의 기틀을 만들었습니다.

36년간 이른 새벽에 출근하여 기도하고 열정적으로 회사의 업무와 씨름했습니다. 나이 60을 지나 직장 생활도 2004년에 은퇴하게 되었습니다. 회사의 짐을 벗은 후 더욱 친밀한 하나님과의 동행을 위해 2005년 횃불트리니티에서 신학을 공부하여 2008년 M.Div(목회학)를 수료하게 되었습니다. 그 후 비즈니스 선교 사역을 돕고 있습니다. 제자훈련 중인 현대자동차 직원들을 돕기 위해 울산에 가서 강의를 할 때는 감회가 새롭습니다. 사업가 직장인 선교사 등 여러 영역의 그룹들과 직장 경험을 나누고 그들을 격려하며 미력이나마 비즈니스 선교에 힘을 보태고 있습니다. 또한 어려운 교회를 도우며 성도들이 그들의 영역에서 제자의 삶을 살도록 함께 기도하며 성경을 공부하고 주님의 사랑을 나눌 수 있는 것은 큰 기쁨입니다.

요즈음 세계와 우리 사회는 신이데올로기 충돌이 일어나고 있습니다. 무신론적 과학주의, 네오막시즘, 동성애, 기독교 배타주의, 젠더리즘 등 하나님을 대적하는 이론과 사상이 파도처럼 밀려들고 있습니다.
참된 진리만이 사람들을 자유케 할 수 있습니다. 말씀과 성령으로 더 무장하여 믿음의 주요 온전케 하시는 예수님만 바라봅니다. 인내로써 우리 앞에 놓인 경주를 경주하여 하나님의 공의와 인애가 비즈니스와 노동계뿐만 아니라 사회의 전 영역에서 이루어지길 기도합니다. 믿음으로 바라보면 실상(현실)이 될 것입니다.

김 중성 장로

연세대학교 경영학과.
(전)현대자동차 부사장. 기아 자동차 부사장
횃불 트리니티 신학 대학원 (M.Div)
할렐루야교회 은퇴 장로
제자선교회 비즈니스 선교 자문위원

영역별 사역의 표준화 사례 - 선교

가서 제자 삼으라!

강 용중 대표간사(DCF-USA)

"가서 제자 삼으라!"

지금은 너무나 흔한 구호이지만 그 때는 신선하고 충격적인 구호였습니다. 제가 제자선교회와 연결이 된 것은 군대를 다녀온 후 복학해서 학교를 다니던 1986년부터 였습니다. 지금은 한양대학 교수로 일하고 있는 이도형 형제와 함께 제자훈련을 받으면서 제자선교회와 인연을 맺어 왔습니다.

그 때는 아직 전체적인 조직이 없었을 때라 거의 점조직으로 모여 양육을 받았습니다. 그 당시 훈련받을 때 사용했던 교재로는 네비게이토에서 만든 SCL10 시리즈와 확신 시리즈였고 수련회나 기타 모임에서 제자선교회의 대표적인 강의들(소위 기본강의 10과 기타 강의들)을 통해 신앙을 훈련받았습니다. 물론 암송과 성경읽기, 기도, 전도 등은 기본적으로 다 했습니다. 당시 받았던 양육과 말씀 훈련 등을 통해 "제자 삼는 삶"으로 제 인생을 정했고, "영적세계", "영적법칙", "영적 성장과 평가", "아들됨", "제자비젼", "성령", "부활", "노동" 등과 같은 강의들을 통해 인생관과 세계관들이 세워졌습니다.

그 이후 제자선교회의 간사로 임명되어 양육을 하면서 모임을 섬겼고, 서울 B지구 간사로, 전체 모임의 총무 간사로도 섬겼고, 지금도 제자선교회 미주지부(DCF-USA) 대표로 섬기고 있습니다.

"가서 제자삼으라!"라는 사명을 가지고 30여년을 살아왔고 앞으로도 이 사명을 위해 살아갈 것입니다.

1986년 이후 미국으로 유학을 오기 전까지는 제가 다녔던 관악중앙교회 청년들을 중심으로 제자훈련을 하였습니다. 지금까지도 그 옛날 양육하며 교제했던 형제와 자매들은 지금 모두 장로, 권사, 집사들이 되었지만, 그들을 만나면 그들이 저보다 더 귀한 사역을 담당하는 것을 보게 됩니다.

1994년 미국으로 유학 온 이후부터 2000년 졸업 후 떠나올 때까지 미국 일리노이 대학이 있는 샴페인-어바나(Champaign-Urbana)라는 곳에서 한인교회의 학부생들을 중심으로 양육을 통해 제자훈련을 하였고 또한 졸업한 박사들을 양육하였습니다. 그 때 학부생들 모임(Crossway) 에서는 매주 설교도 하며, 리더 양육을 하고, 각 기숙사를 돌아다니며 심방을 했던 기억도 있습니다. 매년 여름에는 3박4일 또는 2박 3일 수련회에서 말씀을 전하고 각자 성령 받기를 위해 간절히 기도했던 좋은 추억도 있습니다. 한 때는 50여명이 참석한 수련회에서 원하는 사람 모두 100% 방언을 받고 기도했던 적도 있었습니다.

2000년 미국 캘리포니아 얼바인(Irvine)이라는 곳으로 이사 온 이후에는 약 5년간 한인교회를 중심으로 청년들과 유학생들, 박사후 과정 박사들, 교회 리더들, 또한 개척교회 목사님들을 제자훈련을 하였습니다. 그 때 양육했던 사람들이 교회에서는 리더로, 캠퍼스에서 모임을 인도하는 인도자로 서 가는 모습을 보며 보람을 느끼기도 했습니다.

그 이후 교회 사역을 접고 미국 남가주(SouthernCalifornia)에 있는 제자선교회 출신 형제와 자매들을 중심으로 한국 제자선교회(DCF)와 같이 발을 맞춰 제자삼는 사역을 하기 위해 제자선교회 미주지부(DCF-USA)를 만들어 지금까지 제자를 양육하는 모임을 계속하고 있습니다.

현재 제자선교회 미주지부(DCF-USA)는 매주 목요일 저녁에 모여서 선교사님과 지체들, 사업, 가족들을 위해 기도하는 중보기도 모임으로 매주 모이고 있고, 팀별로 양육도 하고 있습니다. 젊은 대학생들을 중심으로 토요일 저녁에는 찬양과 기도 모임을 하고, 때로는 캠퍼스에 가서 기도회와 전도 모임을 하기도 합니다. 그리고 일년에 한 차례 수련회를 하는데, 매년 11월 마지막주에 있는 추수 감사절 기간에 수련회를 갖고 있습니다. 수련회를 위해 매년 수련회 자료집을 만들고, 한국어와 영어로된 성경공부 교재를 만들어 사용하고 있습니다. 또한 매년 선교지를 방문하여 선교지의 상황을 이해하며 선교사님들을 격려하고 소통하면서 20여명의 선교사님들과 사역자들에게 선교비를 후원하고 있습니다. 또한 E-Camp등을 통해 청소년들과 젊은이들을 훈련하고 있습니다.

이상의 모든 일들이 하나님의 은혜로 제자선교회(DCF)와의 만남을 통해 가지게 된 귀한 사명인 "가서 제자 삼으라!" 때문임을 믿고 감사합니다. "우리의 소망이나 기쁨이나 자랑의 면류관이 무엇이냐? 그가 강림하실 때 우리 주 예수 앞에 있는 너희가 아니냐!"라는 바울의 고백이 나의 고백이 되길 바라며 오늘도 한 사람 한 사람을 세우기 위해 노력하며 살아가고 있습니다.

강 용중 (Joshua Kang)
제자선교회 미주지부 (DCF-USA) 대표간사
(전)제자선교회 총무간사
서울대 건축과. 일리노이대 박사(Ph.D)
P & P 대표이사

영역별 표준화 사례 - 선교

"선교의 기초, 제자 훈련"

이 성우 선교사

제가 제자선교회를 알게 된 것은, 1988년 1월 GBT 성경번역선교회의 캠프 위클립 훈련에 차종숙 사모님이 참여하면서부터입니다. 당시에 저는 제자훈련에 몹시 갈급한 상태였는데 당시 저는 선교에 비전을 두고 있던 신학 대학원생이었습니다. 마침 강 보형 목사님을 신대원 연합학회의 주강사로 모시면서 나의 삶에 큰 변화가 일어났습니다.

그 때의 주제 강의는 "문화 명령"이었습니다. 세상 속에 살아가지만 세상에 속하지 않은 자로 살아야 하는 데에도 불구하고 1980년대의 암울한 시대적, 사회적 상황으로 인해 빛으로, 소금으로 세상을 변혁시키는 힘있는 그리스도인으로 살지 못하고 있는 제 자신에게 많이 실망도 되고 낙심이 되었었습니다. 그런 저에게 "문화 명령" 강의는 가뭄에 단비와 같은 것이었습니다. 정치, 경제, 사회, 문화 각 영역에서 하나님의 통치가 이루어지기 위해선, 자신의 힘과 지혜가 아닌, 오직 성령의 능력으로 예수님의 제자가 세워질 때 가능함을 깨닫게 되었습니다.

그 뒤로 고등학교 교사를 하면서 꿈이 없이 대학 입시에 짓눌려 살아가는 학생들에게 말씀 속에서 꿈과 비전을 제시하고 제자 삼는 사역을 수년 동안 감당하였습니다. 제자선교회를 통해 성령으로 제자 삼는 사역을 삶의 현장에서 실천해 나가면서, 선교도 이와 동일하게 모든 족속과 모든 나라에서, 말씀과 성령으로 사람들을 제자로 삼아 삶의 모든 영역에서 그리스도 주 되심을 선포하고, 하나님의 영광을 가득히 드러내는 삶을 살도록 돕는 일임을 깊이 깨닫게 되었습니다. 그리고 교사 생활을 마감한 후 기도해 왔던 네팔로 떠났습니다.

네팔의 영혼들을 하나님 앞으로 돌아오도록 섬기기 위해서는 그들의 언어로 기록된 하나님의 말씀이 필요했습니다. 사람의 깊은 속사람을 건드리고, 그 영혼을 찔러 쪼개는 것은 오직 모국어로 기록된 말씀 뿐이기 때문입니다. 이것을 위해 저와 아내는 지난 만 28년을 약 80여만 명이 사용하고 있는 네팔의 동따망언어로 성경을 번역하고 글을 가르치는 문해교육 사역을 해 왔습니다. 지금은 우리가 살았던 쩜파 마을에 교회가 들어서고 예수님을 믿고 세례를 받은 사람만 50명이 넘습니다.

하지만 네팔에는 여전히 복음을 전혀 들어 보지도 못한 종족이 수십 개나 됩니다. 현재 20여 개의 종족 언어로 현지인 사역자들이 성경을 번역하고 있는데, 아내는 지난 수 년간 이들의 말로 된 글읽기 책자를 만들고, 교사들을 훈련하고, 번역된 성경이 교회 내에서 활용되도록 돕는 다양한 사역을 해왔습니다. 저는 이들이 번역한 성경을 점검하고 예비 번역 자문위원을 훈련하는 일, 번역팀을 위한 번역 웍샵을 개최하는 일 등을 진행해 나가고 있습니다.

이 모든 일이 성공적으로 지속되려면 건강한 토착 교회와 신실한 현지 지도자들이 세워져야 합니다. 그래서 우리는 8년 전부터 문해교육 및 성경번역을 위한 전문적인 자문위원을 세워가는 일과 네팔의 미래를 짊어지고 갈 젊은이들을 키우기 위한 장학 사역을 함께 진행해 오고 있습니다. 언젠가 네팔에서도 주님의 참된 제자들을 통해 우리 삶의 각 영역에서 하나님의 통치와 그리스도의 주 되심을 인정하는 일이 들풀처럼 퍼져나가길 기도할 뿐입니다.

이 성우
서울대독어교육학과 졸업
고려신학 대학원 졸업
성경번역선교사

영역별 사역의 표준화 사례 - 목회

제자훈련으로서의 신학교육

김 순성 교수

'제자 삼으라'는 예수님의 명령은 그를 주(主)로 믿고 따르는 모든 자에게 주신 마지막 당부이자 그 속에 목회와 사역의 신학적 원리를 함의하고 있습니다. 교회의 모든 사역은 제자 삼는 일에 초점을 맞추어야 하며, 다른 일을 아무리 열심히 해도 교회가 제자 삼는 일을 하지 않으면 그 모든 사역은 하나님의 뜻과 상관없는 것이 됩니다. 여기에는 목회자를 양성하는 신학교도 당연히 포함됩니다. 신학교 역시 제자 삼는 일에 초점을 맞추지 않으면 신학교육이 방향을 상실하고 제자삼는 일을 제대로 수행할 수 없는 무능력한 목회자를 배출할 수밖에 없습니다.

Michael J. Wilkins에 의하면 1세기 당시 '제자'(μαθητής)라는 단어는 단순한 '학습자'를 넘어 '모방자' 또는 '추종자'의 의미로 그 의미가 확대되어 사용되었습니다. 즉, 스승과 제자의 관계가 학습의 개념보다는 '행위모방' 또는 '삶의 추종'이라는 성격을 가지고 있었습니다. '제자 삼으라'는 예수님의 명령도 이런 맥락을 배경으로 하고 있으며, 이는 곧 목회사역과 신학교육의 성경적 원리가 됩니다. 목회와 신학교육 방식이 단지 하나님에 관한 지식을 가르치고 배우는 것이 아니라, 스승과 제자의 관계 속에서 그리스도를 보여주고 따르는 제자훈련의 형태가 되어야 한다는 말입니다. 신학을 뜻하는 헬라어 θεολογία의 본래 의미도 실천적 지식, 즉 지혜를 의미합니다.

11세기 이후 중세 스콜라 신학자들이 이 용어를 도입하여 신학이 추구하는 지식을 라틴어 단어 habitus로 번역하였는데, habitus란 실천적 지혜로서의 영혼의 습관 또는 성향(habit)을 뜻합니다. Augustine 이후 신학의 본래 의미는 이처럼 실천적 지혜로서의 habitus였고, 이것은 성령의 은혜로 신자에게 주어지는 영적 은사였습니다. 그런데 중세 철학자요 신학자인 Thomas Aquinas가 신학을 이성 중심의 학문적 지식으로 이해하면서 이후 신학이 habitus로서의 본래 성격을 상실하고 순수 학문의 길을 걷게 되었고 그 결과가 오늘에 이른 것입니다.

하나님이 신자에게 주신 영혼의 거룩한 습관인 habitus를 배양하고 훈련함으로써 길이요, 진리요, 생명이신 그리스도를 전인적으로 경험하고 삶으로 따르는 제자를 만들어야 할 신학교가 오히려 신학의 이름으로 habitus를 죽이고 오로지 머리만 키우는 교만하고 외식적인 전문 종교인을 양산하고 있습니다. 불덩이로 신학교에 입학해서, 신학을 공부하면서 숯덩이가 되고, 마침내 잿덩이가 되어 졸업한다는 말은 바로 이를 두고 하는 말입니다. 이런 처지에 교회의 미래를 어떻게 기대할 수 있을까요?

제가 제자훈련 개념을 처음 몸으로 접하게 된 것은 신학교를 졸업하고, 목사 안수를 받고 담임 목회를 막 시작할 때였습니다. 벌써 34년 전의 일입니다. 당시 이성우 형제(현, 네팔 성경번역 선교사)를 통해 제자선교회를 소개받아 제가 목회하던 교회에서 십여 명의 목회자들을 모아 제자훈련을 하였고, 이를 계기로 부산에 제자선교회가 개척되었습니다. 사실 그 때까지 한국교회 안에 제자훈련 개념이 없었습니다. 옥한흠 목사가 교회에 제자훈련 개념을 도입했지만, 사실 그것은 교회밖 선교회들이 시행한 귀납적 성경공부 프로그램에 지나지 않았습니다.

제자훈련을 통해 나는 겸손과 열정, 성경을 마음으로 읽는 법을 훈련받았고, 깊은 기도에 이르도록 끊임없는 도전과 자극을 받았습니다. 돌이켜보니 신학교에서 배우지 못한 habitus로서의 신학을 그때 비로소 맛본 것 같습니다. 이후 화란한인교회의 청빙을 받아 네덜란드로 떠난 이후 아쉽게도 제자선교회와의 관계가 끊어져 버렸지만, 계속해서 나의 목회와 신학과 삶을 움직이는 원동력이 되었습니다. 제자선교회 사역이 전문 영역으로 지경이 더욱 넓어지기를 바라며 감사의 마음을 전합니다.

김 순성 교수

(전)고려신학 대학원 원장

고려신학대학원. 남아공 스텔렌보쉬 대학 신학박사(Th.D)

영역별 사역의 표준화 사례 - 문화예술

문화예술과 선교

최 다윗 교수

이 시대를 문화 전쟁의 시대로 정의하기도 합니다. 문화의 힘과 파급력은 우리의 상상 이상입니다. 하나님께서 세상을 창조하신 이래로 늘 그랬듯이 21세기의 문화예술 역시 인간의 정신적인 세계에 가공할 만한 영향력을 미치고 있습니다. 저는 그 힘을 알고, 관심 또한 지대해서 대학에서 문화예술 분야를 전공으로 택했고, 대학원은 미국에서 수학했습니다. 그리고 시간이 지나 그 분야에 영향력 있는 대학의 학과장으로 재직 중이며 또한 <예술공동체 길>이란 단체를 만들어 문화예술 현장에서 활동 중입니다.

저는 '학생들을 위해 어떻게 일할 것인가? 전문가라 칭함을 받는 나는 대한민국의 문화 예술계를 어떻게 섬기는 것이 가장 최선의 방법일까?' 고민하던 중에 모 대학 이사장의 소개로 제자훈련을 하시는 목사님을 만나게 되었습니다. 그 만남은 나의 젊었을 때의 열정을 다시 불붙게 했고, 그 후 몇몇 대학 총장들과 신학대학 교수 등 10여명이 서천에 있는 단식원에 모인적이 있습니다.

다들 자신의 분야에서 전문가이고, 명망 있는 대학 총장, 교수들로 주님이 허락하신 귀한 사역을 감당하고 있었습니다. 그렇지만 우리 모두는 무언가 부족함을 느끼고 있었습니다. 모든 사람들이 인정 할 수 있는 객관적인 표준화 된 정의가 필요함을 공감하고 있었습니다. 그런데 성경에 그것이 명쾌하게 정의되어 있었습니다. 또 역사상 그 진리를 찾았다고 '유레카'(알아냈다)라고 외치는 인류의 앞서가는 선각자들이 있었습니다. 그들의 열매는 의심 없이 드러나 많은 후세들에게 모범이 되고 있었습니다.

사람이 누구인가? 라는 정체성은 '아들됨'(Sonship)이라는 발제 강의 후 깊은 토론이 이뤄졌습니다. 우리는 자신이 가지고 있는 나름의 정의(What)를 "사람은 하나님의 형상, 하나님의 아들" 이라고 기쁘게 정의했습니다. 존재론의 정의가 분명하게 세워지니 그 다음 방법론 (How)은 E. F. G.(구원. 양육. 선한 일 디도 2:11-14) 라고 쉽게 정리가 되었습니다. 저는 섬기고 있던 문화 사역자들에게 그것을 전하고 재생산되도록 하고 있습니다.

'문화'란 사전적인 의미로 보면 오랜 시간을 통해서 사회 구성원들에 의해 자연스럽게 습득, 공유되는 물질적, 정신적인 인간의 행동양식이라 할 수 있습니다. 그런데 문화에 '예술'이 첨가되면 그 의미는 당연히 '물질적'인 부분보다는 '정신적'인 부분에 더 무게 중심이 쏠립니다. 그런데 문화 예술이 우리의 정신 세계를 풍요롭게도 하고 고양시키기도 하지만, 반대로 서서히 피폐하게 만들 수도 있음을 우리는 알아야 합니다. 특히 국내에서 적그리스도적인 문화나 예술은 점차적으로 대범해지고 양적으로도 팽창하고 있는 현실은 매우 염려되는 수준에 이르렀습니다. 예컨대 '퀴어 축제'는 처음엔 신촌의 작은 지역에서 그들만의 행사로 치러지다가 이제는 급기야 시청 앞 광장을 점령하기에 이르렀습니다. 언론들의 논조 역시 대체적으로 그들의 행위에 대해 차츰 우호적으로 바뀌고 있습니다. 수 많은 뉴에이지 음악 역시 우리의 삶을 감각적이고, 말초적이며, 부정적이고. 허무하게 바라보게 하는 경향이 짙습니다. 하물며 저의 전공인 뮤지컬도 노골적인 동성애 코드의 작품들이 늘어나고 있는데 더욱 안타까운 현실은 그러한 공연들을 수 많은 젊은 남녀 관객들이 즐기고 있다는 사실입니다. 공연예술문화는 다른 장르와는 달리 바로 관객의 눈앞에서 배우들이 생생하게 재현하는 특성 때문에 관객에게 주는 임팩트는 매우 직접적이고 클 수 밖에 없습니다. 언젠가 제자 중 한 명이 출연한 뮤지컬 작품에 초대되어 갔는데 동성애 코드의 작품이었습니다. 중간에 뛰쳐나오고 싶을 정도로 낯이 뜨거워 견딜 수 없었는데 젊은 남녀 관객들은 몰입해서 즐기고 있는 것처럼 보여서 더욱 당황한 적이 있었습니다.

이런 상황을 크리스천 문화예술인들은 어떻게 바라보고 있을까요? 세상에서의 싸움은 영적인 싸움입니다. 그러므로 우리 역시 영적으로 깨어서 복음을 직접적으로 또는 간접적으로 드러낼 수 있는 문화예술 활동을 더욱 적극적으로 해야 합니다. 모두가 연합해야 합니다. 현재는 영적 공동체 안에서 우리만의 잔치로 끝나버리는 경향이 적지 않습니다. 즉 예수님을 잘 모르는 사람들, 또는 예수님을 오해하고 있는 사람들을 위한 문화예술 콘텐츠를 가지고 교회 밖으로 나가서 그들과 만나야 합니다. 우리는 세상의 빛이 되어야 합니다. 내가 모든 목회자들이나 지도자들에게 당부 드리고 싶은 것은 기독교 문화 예술인들에게 희생과 헌신, 그리고 재능 기부만을 요구하지 말고 물심양면으로 도와줘야한다는 것입니다. 반면에 기독교 문화 예술인들은 양질의 콘텐츠를 제작해서 우선적으로 예수님을 믿지 않는 사람들부터 감동시킬 수 있어야 합니다. 그러기 위해서 높은 수준의 직업 의식과 능력과 사명감이 필요함을 기억하며 매순간 기도하며 정진하고 또 정진해야 합니다. 바로 이것이 문화 예술인들이 할 수 있고 해야 하는 선교라 믿습니다.

저역시 현재 창작뮤지컬 <당신이 기적(가제)>과 <천로역정(가제)>, 두 편의 작품을 집필 중에 있습니다. 서른 세 살에 주님과의 첫사랑을 뜨겁게 체험한 후, 그 분의 제자로서의 삶을 살고자 결단하였습니다. 내 인생의 끝자락이 이젠 희미하게나마 보입니다. 나의 인생을 가장 가치 있게 해 줄 수 있는 게 뭔지, 그리고 내 영혼을 살려주는 것이 뭔지를 묻고 또 물어도 답은 '영혼 구원 사역에 쓰임 받는 사명 E,F,G,' 밖에 없습니다. 집필중인 창작 뮤지컬이 많은 이들에게 선한 영향력을 미치게되는 꿈을 꾸며 믿음으로 다시 펜을 힘껏 부여잡아 봅니다.

최다윗 교수

Western 일리노이 대학 MFA (연출석사)
한국생활연극협회 부이사장(현) 한국연극협회 이사
연출 작품: 우리읍내, 바보 리어, 욕망이라는 이름의 전차
　　　　　메시야(발레) 등 다수

영역별 사역의 표준화 사례 - 비즈니스

비즈니스 세계의 부흥을 위해 쓰임 받고 싶습니다

정종섭 대표

2004년 7월에 성경에 기반한 경영에 대한 강한 목마름이 있어 회사를 시작하였습니다. 설립 이후 4년간 회사를 운영하는 과정에서 성경적 경영, 기독교적 경영에 대한 혼란이 가득한 시점에 제자훈련을 받게 되었습니다.

저희 부부가 제자훈련을 받으면서, 크리스챤 기업과 교회의 주된 사역이 다르다는 것을 배우게 되었고 모든 일을 감사함으로 일하는 것 자체가 예배라는 것도 배우게 되었습니다. 또한 마태복음 28장 19절에 있는 말씀, '너희는 모든 민족을 제자삼아 아버지와 아들과 성령의 이름으로 세례를 베풀고 ~'에서 '모든 민족'의 의미를 민족 단어에 한정하지 않고 '모든 영역'으로 말씀하시는 것을 들으면서, 비즈니스 현장이 하나님께서 저에게 맡기신 사역지라는 것을 더욱 분명하게 알게 되었습니다. 자연스럽게 창세기 1장 28절에 있는 문화명령의 말씀인 '생육하고 번성하여 땅에 충만하라 땅을 정복하라 바다의 물고기와 하늘의 새와 모든 생물을 다스리라'를 저에게 주신 명령으로 받아들이게 되었습니다.

이러한 가르침과 멘토링 덕분에 2008년, 저희 회사의 미션을 '우리는 구성원의 자아 실현을 지원하고 고객의 가치를 제고하고 비즈니스 세계를 회복한다'로 재정의하고 저는 회사를 통해 비즈니스의 세계가 하나님이 기뻐하시는 곳이 되기 위해 기도하면서 열심히 일을 하고 있습니다.

저희 회사 구성원들은 브로(Business Revival Officer)라는 호칭을 쓰면서 비즈니스 세계를 부흥시키는 자임을 다짐하며 일하고 있습니다. 저희 회사를 통해 고객들의 어그러진 모습이 회복되고 관계가 회복되고 하나님이 주신 창조 원리로 성장하고 발전되기를 소망합니다.

2004년 이후 약 15년 6개월간 회사를 경영하면서 기업을 운영하는 것이, 특히 크리스챤 기업을 운영하는 것이 참 쉽지 않다는 것을 많이 느꼈습니다. 교회가 아닌 기업이기에 성장하여야 하고, 회사 현금 흐름이 양호하여야 하고, 구성원들에게 좋은 수준의 급여를 줄 수 있도록 회사의 경쟁력 향상을 위해 애를 써야 하고, 크리스챤 기업으로 고객들에게 실질적인 가치를 제공하여야 하고, 정정당당한 방법으로 일을 수주하여야 하고, 회사의 조직문화가 좋아야 하고, 구성원들 간 관계도 좋아야 하고, 일을 열심히 하지 않는 구성원들에게는 명확한 피드백을 전달하여야 하고…. 여러 가지가 쉽지도 않았고 지금도 쉽지는 않습니다. 그러나 지난 15년 6개월을 되돌아보면 어려운 순간 순간마다 하나님께서 위로도 주시고, 피할 길도 주시고, 거룩함의 소중함을 깨닫게도 해주시고, 항상 가난한 심령이 되어 하나님을 찾게 되는 저의 현재 모습이 감사하고 감사한 것 같습니다.

저희 회사는 착하면서도 강한 크리스챤 기업을 소망하며 나아가고자 합니다. 거룩하면서도 진정성을 가지고 고객을 섬기며, 하나님께서 주신 지혜로 가장 탁월하면서도 창의적인 서비스를 고객에게 제공하고자 합니다. 비즈니스 세계의 변방이 아니라 중심에서 더욱 선한 영향력을 끼치며, 시대를 앞서는 새로운 서비스를 제공하고자 합니다. 저희 회사를 만나는 고객들은 자연스럽게 크리스챤 가치를 경험하게 하고 싶습니다. 또한 내부적으로는 성경의 가르침에 기반한 회사 경영이 이루지고, 구성원들의 신앙과 인격이 더 성숙해 지는 모습을 소망하고 있습니다. 신앙이 있는 구성원들은 말씀과 기도에 힘쓰며 성령의 열매가 열리는 모습을 기대합니다. 또한 아직 믿음이 없는 구성원들도 저희 회사의 경영과 믿음으로 일하는 구성원들의 모습을 보면서 하나님을 믿는 삶이 얼마나 좋은지를 느끼기를 소망합니다.

믿음의 사람뿐만 아니라 믿지 않는 모든 자들이 일하고 싶어하는 회사가 되길 계속 기도하고 노력하고자 합니다. 성경 말씀과 크리스챤 가치가 회사의 곳곳에 묻어나와 저희 회사를 만나는 고객과 비즈니스 현장이 하나님께서 창조하셨던 모습으로 회복되길 소망합니다. 또한 회사를 통해 재능 뿐만 아니라 물질도 하나님의 시선이 머무는 곳으로 흘러 보내길 소망하고 소망합니다.

정 종섭 대표

회계사, 웨슬리퀘스트 대표

(주)웨술리퀘스트는 현재 경영컨설팅, AI/빅데이터 분석, 프로스포츠 마케팅 등의 일을 수행하고 있다.